貯金感覚でできる

3000円投資生活

DELUXE《デラックス》

横山 光昭《YOKOYAMA MITSUAKI》

アスコム

貯金感覚でできて、こんなに結果が！

3000円投資生活でお金が増えた人、続々です！

●夫（49歳　会社員）年収550万円
妻（42歳　専業主婦）／長男（5歳）
●まだ子供が小さく子育てにお金がかかる。住宅ローンもあり。
子どもが成人するときに夫は定年を迎えるが、老後資金が貯められるか不安が大！

貯蓄

400万円

↓

3000円投資生活を始めて

8年で

1229万円

●夫（55歳　会社員）年収600万円
妻（54歳　パート）年収145万円／長男（25歳　社会人）次男（大学4年生）
●長男、次男の大学の学費、家のローンで貯蓄が激減。次男が大学を卒業したら大急ぎで老後の資金を作りたいが、どうすればいいのかわからない。

貯蓄
150万円

3000円投資生活を始めて

7年で
1482万円

●夫（50歳　会社員）年収８００万円
妻（52歳　専業主婦）／長女（大学2年生）次女（高校2年生）
●年収は高いものの、長女、次女の習い事や散財癖で貯蓄がほぼゼロに。月々のやりくりに無頓着だったため、貯蓄をしっかりしてこなかった。次女の大学費用の捻出も不安。なんとか、老後までに改善したい。

貯蓄 **0円**

←

3000円投資生活を始めて

10年で **1348万円**

●夫（37歳　会社員）年収３８０万円
妻（40歳　会社員）年収５００万円／長女（5歳）次女（2歳）
●妻が育休を取るなどで数年間年収がダウン。新築マンションを購入したばかり。
50歳までにできる限り貯蓄を増やしたい。子どもの学費も用意したい。

貯蓄 **500万円**

←

３０００円投資生活を始めて

10年で **2688万円**

●夫（30歳　会社員）年収420万円
妻（32歳　専業主婦）／長男（2歳）
●独身時代の貯金はお互いなし。その後、結婚。毎月のやりくりで精いっぱいでほぼ貯金ができない。頑張って年収をあげようと働いているが、なかなか増えず。投資を始めて少しでもお金を増やしたい。

貯蓄
50万円

3000円投資生活を始めて

5年で
338万円

3000円投資生活
デラックスとは

今、一番お得な方法で！

コツコツ投資
+
毎月の貯金

これで効率よくお金を増やして、
暮らしをラクにする。
それが3000円投資生活デラックスです。

「思っていたより投資はカンタンだった」
「投資は、節約より面白くて長続きする」
3000円投資生活を始めた人の多くが、
そう言います。

そして、投資を始めたことがきっかけで、

○支出の管理ができるようになった。
○毎月の赤字が黒字に変わった。

○買い物の仕方が変わった（無駄がなくなった）。
○節約より投資の方が楽しいと気がついた。

など、お金に対しての考え方が変わっています。
なにより「お金は増やせる」ことを実感しているのです。

3000円投資生活は、始まりにすぎません。
しかし、あなたに大きなリターンを
もたらしてくれるはずです。

まずは、3000円投資を始めてみましょう。
3000円投資生活は、

今、一番おトクで、
おすすめの貯め方&増やし方です。

ぜひ、お金の不安をなくし、
みなさんが望む豊かな人生を手に入れてください。

プロローグ

人生100年、老後資金2000万円……。令和は「投資」がますます必要な時代に

こんにちは。家計再生コンサルタントの横山光昭です。

私は今まで、2万3000人を超える方々の家計に関する相談に乗ってきました。その経験を踏まえて、2016年に出版した『**はじめての人のための3000円投資生活**』(アスコム刊)は、おかげさまで版を重ね、2019年8月時点の発行部数は60万部に達しています。

また、同書を通して**3000円投資生活を始めた、全国の数多くの読者**の方から

「投資に興味を持つようになり、資産が順調に増えている」といった喜びの声をいただいています。

しかし、それから3年が経ち、世の中の状況は大きく変わりました。

たとえば近年、「人生100年時代」という言葉を、頻繁《ひんぱん》に耳にするようになりました。

これは、ロンドン・ビジネス・スクールの教授のリンダ・グラットンとアンドリュー・スコットが提唱した言葉で、二人は「長寿化により、先進国では2007年生まれの2人に1人が103歳まで生きることが予測されるため、人々はこれまでとは異なる新しい人生設計をする必要がある」と説いており、日本でも2017年9月に、首相官邸に安倍首相を議長とする「人生100年時代構想会議」が設置されました。

さらに2019年6月3日、**「老後資金は公的年金のほかに、一人あたり平均**

２０００万円が必要である」とする、金融庁の「市場ワーキング・グループ」の報告書「高齢社会における資産形成・管理」が公表され、大きな話題となりました。

同報告書には、「超長寿社会においては、一人ひとりが長期的なライフ・プランを検討し、具体的なシミュレーションを行うことが重要であり、現役世代であれば、**『長期・積立・分散投資』**による資産形成の検討を行うことが重要である」と記されています。

金融広報中央委員会が発表した『家計の金融行動に関する世論調査（平成30年）』によると、世帯構成別の平均貯蓄額（保有している金融商品の額）は、二人以上世帯で１４３０万円、単身世帯で７４４万円。

最も多い「60代の二人以上世帯」でも１８４９万円、「60代独身世帯」で１６１３万円と、いずれも２０００万円に及びません。

そして、世代が下がるごとに貯蓄額は少なくなっていきますが、将来的に、公的年金の受給年齢はさらに引き上げられると考えられます。

一方で、2019年時点の預金金利は、最も高いネット銀行の5年もの定期でも**0・35%**、都市銀行に至っては0・01%です。

2019年に、元号が平成から令和に変わりましたが、新たな時代「令和」は、金融庁の提唱通り、預金以外の投資によって自己資産を増やし、**老後に備えることが、ますます必要な時代**になっていくのです。

もちろん、

「これから大きくなる子どものために、十分な教育費を用意したい」
「10年後にマイホームを買うため、できるだけ頭金を用意したい」
「子どもが独立する前に、家族の思い出をつくるため、海外旅行に行きたい」
「いつかは会社を辞め、自分で事業を起こしたい」

といった思いを抱いている方にとっても、**投資は大きな味方**となります。

こうした夢や希望を叶《かな》えるためには、まとまった資金が必要ですが、現在のような超低金利時代に、貯金だけですべてをまかなうのは難しいからです。

3000円投資生活なら、誰でも無理なく簡単に投資が始められる

みなさんの中には、「投資」に対し、

「たくさんの元手がないと無理」
「素人《しろうと》には難しい」
「しょっちゅう株価をチェックしたり、こまめに売買したり、いろいろと手間がかかる」
「儲《もう》かるのはごく一部の人だけで、ほとんどの人は損をする」

といった、ネガティブなイメージを持っている方も少なくないでしょう。

たしかに、株式（個別株）の銘柄《めいがら》や買い方によっては、まとまった元手を必要とすることもあります。

デイトレードなどで短期間に利益を出すのは、素人どころか、プロの投資家でさえ難しく、手間もかかりますし、巨大な利益を得る人がいる一方で、大損をする人もたくさんいるでしょう。

しかし、短期間で利益を得ようとするのは、「投資」というより「投機」に近いといえます。

投資というのは本来、もっと気長に取り組むべきものであり、シンプルで気軽にできるものなのです。

そして、『はじめての人のための3000円投資生活』を読まれた方はすでにご存じかと思いますが、投資をしたことがないという人、投資に対してネガティブなイメージを抱いている人、「自分は投資には向いていない」と思っている人こそ3000円投資生活に向いています。

この本でおすすめする投資方法は、きわめてシンプルです。

「証券口座を開き、月々3000円で投資をスタートし、おすすめの投資信託（あとで具体的にお話しします）を買う」だけ。

それ以外に、特にやることはありません。

基本的には、長い時間、ほったらかしにしておいて大丈夫です。

「ゆっくりしたペースでしか、お金が増えない」というデメリットはありますが、かなり安全性が高く、銀行預金より良い利回りでお金を増やせる可能性も高いのが特徴です。

銀行への預金しか、したことがない（銀行にお金を預けて利子を得るのも、実は

れっきとした投資行動です）人は、

「なんだか面倒くさそうだし、預金だけで十分」
「投資は怖い」
「手元にある貴重なお金、せっかく貯めたお金を絶対に減らしたくない」

と考え、金融商品への投資をどうしても敬遠しがちですが、3000円投資生活であれば、「基本的には何もしなくても、**少しずつではあるけれど、お金が勝手に増えてくれる仕組み**」を簡単につくることができます。

初めて投資にチャレンジする人、お金を減らしたくない人、長い時間をかけて将来の資産を増やしたい人には、最適の方法なのです。

「3000円」は、貯金をしながら投資にまわせる最適な額

ちなみに、「3000円」という額は、これまでの経験を踏まえて私なりに考えた、「初めて投資をする人が、おそらくあまり怖さを感じずに投資にまわせる金額」であり、「貯金をしながら、投資をスタートさせるのにちょうどいい金額」です。

投資をしたことのない人は、ついつい、次のような考えを抱いてしまいがちです。

「まずは貯金をしなければならない。投資もしたいけれど、そんな余裕はない」
「まずは投資をしたい。そしてお金を増やすことができたら、貯金をしたい」

つまり、収入から必要な支出を除き、余ったお金を、「貯金」と「投資」のどち

らか一方だけにまわそうとする人が多いのです。

しかし、貯金を優先し、**投資を後回しにすると、貴重な「時間」をロス**することになります。

投資信託や株式などは、基本的には長く持てば持つほど「うまみ」が出てきます。でも、ゼロから貯金を始める人が、十分にお金が貯まるまで待っていたら、それだけ投資のスタートが遅れてしまいます。

「十分な貯金ができるまでは」と投資のスタートを遅らせると、それだけ将来手にする資産が少なくなってしまうのです。

逆に、投資を優先し、貯金を後回しにすると、いざまとまったお金が必要になったとき、困ることになります。

人生、何が起こるかわかりません。

急に家や車などの修理が必要になることもあれば、家族が病気になることも、仕事を失うこともあります。

そんなとき役に立つのは、すぐに動かせるお金、つまり「貯金」です。

もし貯金がない状態で投資を始めたら、いざ現金が必要になったとき、せっかく買った投資信託を手放すようなことになりかねません。

売却のタイミングによっては、損をしてしまうおそれもあります。


貯金をするのは、目の前のピンチを切り抜けるためのお金をつくるため。

投資をするのは、将来を豊かに過ごすためのお金をつくるため。

それぞれ、目的は異なります。

ですから、貯金と投資、どちらかを選ぶのではなく、

「貯金をしながら、できる範囲で投資をスタートさせること」

が大事なのです。

そこで、「まずは月収7・5か月分の貯金をつくりつつ、月々3000円ずつ投資にまわしていただこう」というのが、「3000円投資生活」の考え方です（「月収7・5か月分」の理由については、PART4で説明します）。

もしかしたら、みなさんの中には「月々3000円くらいじゃ、大してお金は増えない」という方もいらっしゃるかもしれません。

たしかに、投資額が大きければ、その分お金の増え方も大きくなります。
しかし、初めて投資を行う人、投資を「怖い」と思っている人にとって、いきなり1万円を超える額から始めるのは、かなりハードルが高いでしょうし、月々3000円からのスタートであれば、抵抗は少ないはずです。

また、**投資はあくまでも、月々の収入から生活費や貯金にまわす分などを除いた残りのお金で行うべき**です。

日々の生活に必要なお金や「いざというとき」のためのお金を投資にまわしてしまうと、金銭的にも精神的にも余裕を持って運用することができなくなるからです。

一方、いくら無理のない金額だからといって、月々500円ずつ、1000円ずつでは、あまりにも得られる利益が小さく、投資のやりがいや面白みを感じにくいでしょう。

もちろん、収入が増えたり、お子さんの独立などによって支出が減ったりした場合、あるいは投資に慣れてきて、「余裕のあるお金を、もう少し投資にまわしてもいい」と考えた場合は、投資額を増やすことを検討してみてください。

70歳で3000円投資生活を始め、人生が楽しくなった人もいれば、お金が貯まる体質に生まれ変わった人もいる

なお、『はじめての人のための3000円投資生活』を出版して以来、さまざまな世代の方から喜びの声をいただいています。

中には、70歳になってから3000円投資生活を始めたという女性もいらっしゃいます。

その方は長年、「貯金こそが大事だ」と考え、家族のため、自分たちの老後のために、コツコツとお金を貯めてこられました。

金利が良かった時代は、金融機関へ預金するだけで、利息がついて資産が増えていたのですが、超低金利時代に入り、「預金だけでは資産が増えない」「それどころか、今後インフレになったら、資産が目減りしてしまうのではないか」という不

安にかられ、投資を始めようと思い立ったそうです。

最初は月々3000円ずつで、おそるおそる投資生活をスタートされたのですが、慣れてくるに従い、「預金と違って、少しずつでもお金が増えていくのが嬉しい」と感じるようになり、投資額を増額。

現在は月々2万円ずつ投資信託を買い、着実に資産を増やしておられるようです。

3000円投資生活を始め、**「お金に対する意識が変わった」**という人もたくさんいます。

たとえばある方は、投資に対し、漠然とした恐怖心を抱いていましたが、3000円投資生活を始めてみたところ、すっかり面白くなってしまい、それまであまり興味がなかった世の中の動きに敏感になり、新たな投資信託の商品が出るとチェックするようになりました。

今では、**「もっと早く始めておけばよかった」と思っている**とのことです。

また、別のある方は、以前から投資に興味はあったものの、投資についての知識がなく、なかなか最初の一歩を踏み出せずにいました。

しかしある日、書店で『はじめての人のための3000円投資生活』を見つけ、試しに口座を開設して、3000円投資生活をスタート。

それをきっかけに、「お金ときちんと向き合わなければ」と思うようになりました。

今まではお金について、「稼ぐ」「貯める」の二つの視点でしかとらえていなかったところに、「増やす」という視点が加わり、**「どうお金を稼ぎ、どこにお金を使い、どこをおさえ、残った分をどう投資するか?」**をトータルで考えるようになったそうです。

利益が少しずつ出始め、すっかり投資に興味を持ったその方は、ムダな出費をおさえ、現在は月々1万円ずつ投資にまわしており、徐々に投資額を増やしていきたいとも言っています。

画期的な商品の登場で、3000円投資生活はこう変わる

さて、『はじめての人のための3000円投資生活』では、私は読者のみなさんに、バランス型の投資信託である「世界経済インデックスファンド」もしくは「eMAXIS　バランス　8資産均等型」を、月々3000円ずつの積立で購入することをおすすめしました（「バランス型」「投資信託」「インデックスファンド」といった言葉については、PART1で説明します）。

いずれも優れた商品であり、すでに購入された分については、そのままお持ちいただいてまったく問題ないのですが、投資の世界では次々に新しい金融商品が登場します。

実は2017年9月に、世界経済インデックスファンドや「eMAXIS　バランス　8資産均等型」よりも、さらに優れた投資信託が日本で発売されました。

それが、本書でみなさんにおすすめする、

「楽天・全世界株式インデックス・ファンド」（楽天投信投資顧問）

です。

詳しくはPART2でお話ししますが、楽天・全世界株式インデックス・ファンドは、アメリカの投資運用会社・バンガード社が販売している「バンガード・トータル・ワールド・ストックETF」（ティッカー〈銘柄識別記号〉および通称「VT」）という商品を投資対象としたものです。

ＶＴは「世界最強の商品」といわれており、

●世界49か国、約８０００の株式銘柄に分散投資できる（２０１９年８月末時点）。
●利回りが比較的高く、過去の実績を見ると、平均年率６％程度のリターンを確保できている。
●類似の商品に比べて、純資産額が大きく、信頼性が高い。
●信託報酬《ほうしゅう》が低く、コストパフォーマンスが良い。

といった、さまざまなメリットがあります。

しかし、ＶＴは、基本的にはアメリカの証券取引所が開いている時間帯にしか買うことができず、２０１８年3月にＳＢＩ証券が米国ＥＴＦの定期買付サービスを開始するまでは、積立で買うこともできなかったため、とても月々３０００円で手軽に購入できるものではありませんでした。

ところが、楽天・全世界株式インデックス・ファンドが発売されたことにより、実質的に、ＶＴを簡単に購入できるようになったのです。

ちなみに、楽天・全世界株式インデックス・ファンドを月々３０００円／１万円／３万円ずつ積立で購入し、６％の利回りで運用した場合、運用益は図のようになります。

なお、ＶＴが設定されてからのトータルリターンが約６％ですので、ここでは年率６％で運用したとして計算しています（この年率はあくまでも過去の実績に基づいたものであり、今後必ずしもこの通りのリターンが得られるとは限りません。また、税金、売買手数料などは考慮していません）。

いかがでしょう。

月々３０００円ずつの投資を継続した場合でも、10年後や20年後、30年後の運用益にはある程度の運用益が見込めますし、無理のない範囲で投資額を増やせば、運

月々、VTを3000円積み立てると

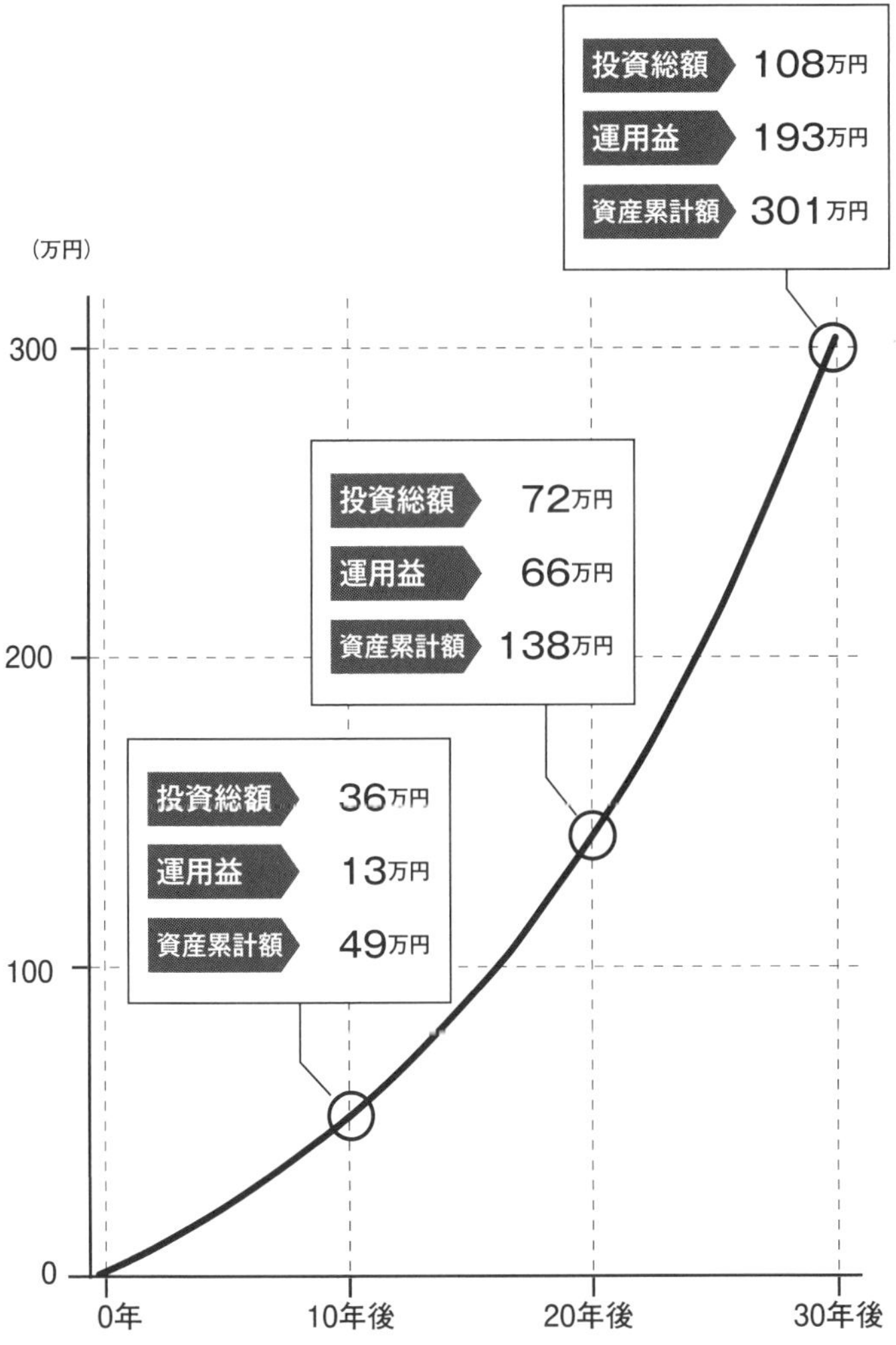

月々、VTを10000円積み立てると

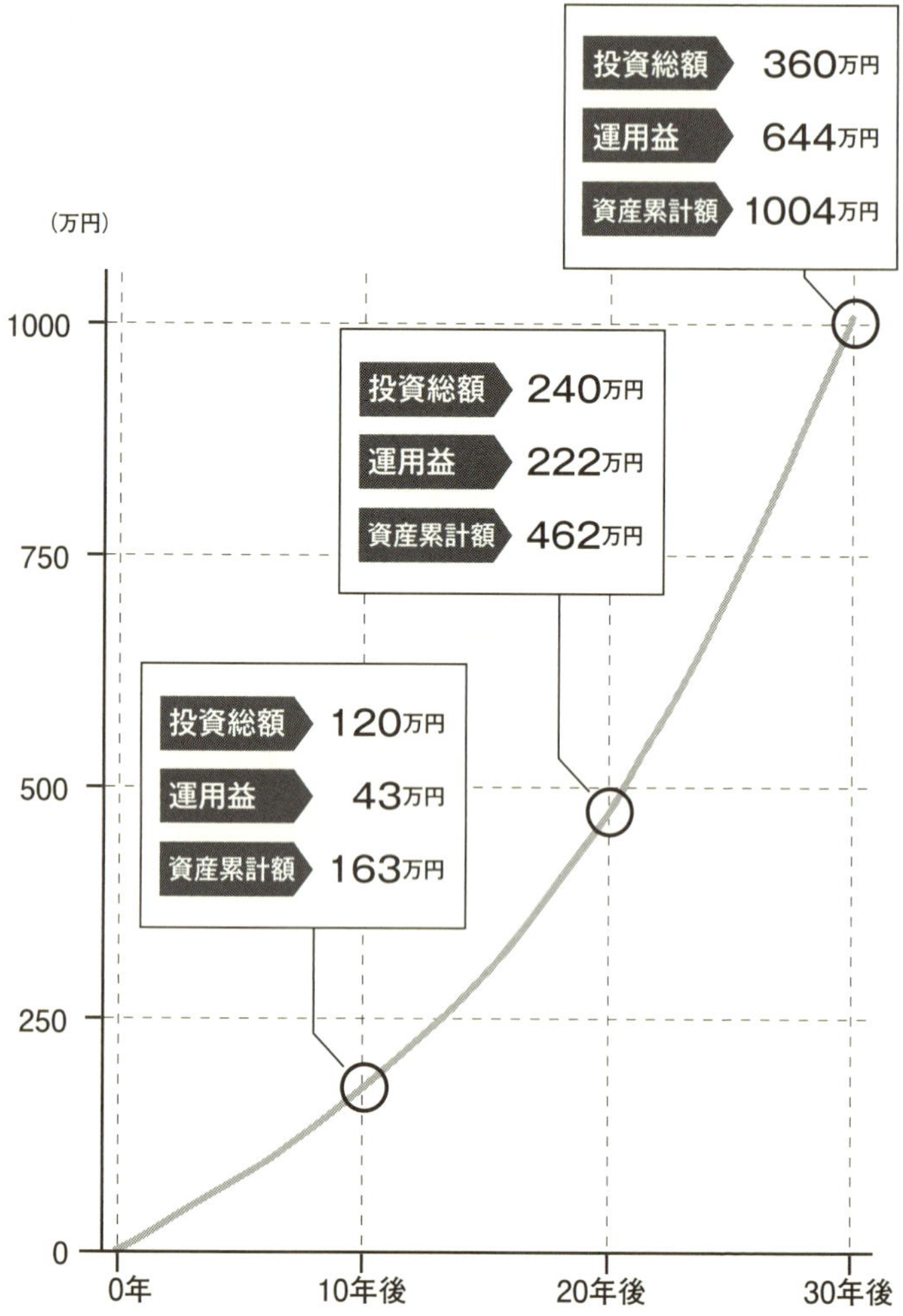

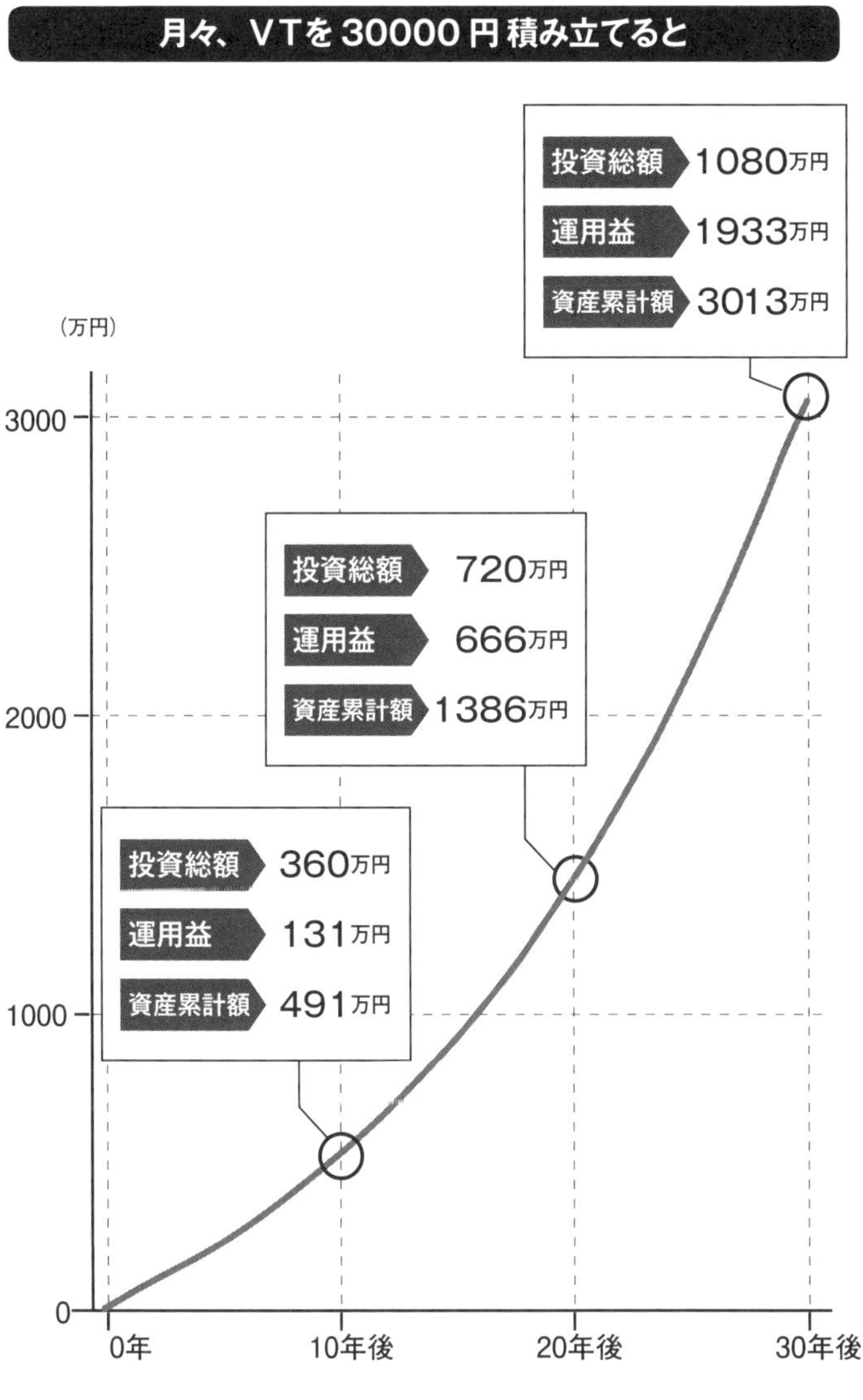
月々、VTを30000円積み立てると
投資総額 1080万円
運用益 1933万円
資産累計額 3013万円
(万円)
3000
2000
1000
0
投資総額 720万円
運用益 666万円
資産累計額 1386万円
投資総額 360万円
運用益 131万円
資産累計額 491万円
0年
10年後
20年後
30年後

用効果はさらに高まります。

　なんだかワクワクしませんか？

　３０００円投資生活は、こうした金銭的なメリットをもたらしてくれるだけでなく、すでにお伝えしたように、きっとみなさんに、投資が怖いものでも難しいものでもなく、楽しいものであると教えてくれるはずです。

　そして、３０００円投資生活を通して、みなさんがお金の悩みや不安から解放され、夢を実現させるきっかけをつかみ、さらに豊かな人生を送られることを、私は心から願っています。

貯金感覚でできる ３０００円投資生活デラックス　目次

DELUXE PART 1

新しい時代の3000円投資生活を始めよう

DELUXE

PART

2

最も効率よく安心して資産を増やせる、楽天・全世界株式インデックス・ファンド

DELUXE

PART

3

つみたてNISAやiDeCoを利用し、節税しながら効率よく資産を増やす！

DELUXE PART 4

楽しみながら3000円投資生活を続けていくための5つの鉄則

DELUXE PART 5

これが横山流ハイブリッド型３０００円投資生活！

DELUXE

PART

1

新しい時代の300円投資生活を始めよう

3000円
DELUXE
投資
1

すでに1万人の人が
成功している！
簡単・安全・確実な
3000円投資生活

この本を手に取られたみなさんの中には、**『はじめての人のための3000円投資生活』**をすでにお読みになった方も、そうでない方もいらっしゃるでしょう。

そして、まだお読みになっておらず、今まで投資をしたこともない、という方は、もしかしたら投資に対して、

「投資は、知識がないとできないのではないか？」

「投資は、手間がかかるのではないか？」

「投資は、まとまったお金が必要なのではないか？」

「投資は、ほとんどの人が損をするのではないか？」


といった、ネガティブな感情を抱いていらっしゃるかもしれません。

たしかに、世間で「投資」といわれているものの中には、知識がないとできないもの、手間がかかるもの、まとまったお金が必要なもの、ほとんどの人が損をする

ものもあります。

たとえば、おびただしい数の個別株の中から、利益が出そうな銘柄を選んで売買したり、不動産投資をしたりしようと思ったら、さまざまな情報や知識、まとまった資金などが必要ですし、それなりに手間もかかります。

また、ＦＸ投資などは、85％の人が損をするといわれています。

しかし世の中には、簡単・安全・確実に資産を増やすことができる投資方法もあります。

この本で私がおすすめする方法も、その一つです。

証券口座を開き、月々３０００円ずつの積立で、手数料などのコストが安く、リスクは低いけれど、長期で見ると利回りが比較的高い投資信託をコツコツ買う。

やるべきことは、たったそれだけです（より具体的なやり方については、あとで詳しくお話しします）。

最初に手続きをしてしまえば、その後、こまめに値動きなどをチェックする必要はありません。

ほったらかしにしておくだけで、資産は勝手に増えていきますし、まとまったお金が必要になったときには、部分的に売却して現金化することもできます。

期間に余裕をもって運用すれば、元本割れする（損をする）可能性も、きわめて低いといえるでしょう。

「プロローグ」でもお伝えしたように、超少子高齢社会の到来に伴い、日本人一人ひとりが、**自分の力で老後の資金を準備しなければならない時代**が訪れています。

ところが、国税庁の民間給与実態調査によると、20年前は４６０万円を超えていた日本人の平均年収は、ここ10年、４０６万円～４３２万円の間で推移しており、かつて5%を超えたこともあった都市銀行の定期預金の金利は、2010年以降ずっと、0・1%以下（2016年以降は、1年もので0・01%）で推移しています。

インフレに向かっている今、この程度の金利で、ただ預金しているだけでは、実質的な資産価値は目減りする一方だと言ってよいでしょう。

このように、今は**「収入を増やす」「預金をする」**といったことによって資産を増やすことが、**非常に難しい時代**です。

だからこそ「簡単・安全・確実」な投資が、力強い味方となってくれるはずです。

なお、たいていの人は何かを始める前、どうしても「難しそう」「失敗したらどうしよう」と、あれこれ悩んだり不安になったりします。

投資についても、真面目な人ほど「損をしたくない」と考え、投資関連の本や雑誌、証券会社のホームページや資料を読み込み、勉強しようとする傾向があります。

そして事前の研究に大量の時間とお金を費やした揚げ句、投資をやめてしまったりするのです。

調べていくうちにネガティブな情報ばかりを目にして怖くなる人もいれば、情報を集めすぎてしまい、どうしたらいいかわからなくなる人もいるかもしれません。


しかし、どんな勉強やシミュレーションも、実践には到底かないません。

「百聞は一見に如《し》かず」「習うより慣れろ」です。

必要以上に情報を集めたり悩んだりせず、まずはやってみることが大事です。

始めてみると、案外ラクにできてしまって、拍子抜けするのではないかと思います。


実際、３０００円投資生活を始めた方からは、

「とてもシンプルでわかりやすく、面倒なことはほとんどなかった」
「少しずつでも、着実にお金が増えていくのが嬉《うれ》しい」
「こんなことなら、もっと早く始めておけばよかった」

といった声を、非常にたくさんいただいています。
「3000円投資生活で損をした」「投資なんか、やらなければよかった」といったご意見は、幸いなことに、今のところいただいていません。

さらに、投資やお金に対する考え方が変わったという方も少なくありません。

「『節約して貯金するだけ』の生活は少し辛《つら》かったけれど、**貯金と並行して投資を始めてからは、節約するのが楽しくなった**」
「ついつい誘惑に負けて**無駄遣いしそうなとき、『このお金を投資にまわそう』と思うと我慢ができる**」

これらも、3000円投資生活を始めた方から寄せられた声です。

何らかの目的があって「お金を貯めなければ」と思っても、支出をひたすら削り、我慢し、貯めるだけでは、人はなかなかモチベーションを維持できません。

超低金利の今の時代、どれだけ欲しいものを我慢し、預金しても、「1」はいつまでたっても「1」のままですから、「我慢したわりに、見返りが少ない」と感じ、フラストレーションがたまったり、むなしさを感じてしまったりすることもあるでしょう。

その点、投資の場合は、簡単・安全・確実なやり方さえ選べば、「1」が「1・1」「1・2」……と少しずつ増えていく可能性があります。

「投資できる額が増える」と思えば、節約にも身が入るようになるでしょう。

投資を始めた結果、「ただ貯金だけをしていたときよりも、貯金体質になった」

という人が意外と多いのです。

また、投資を始めると、新しい世界が広がります。

口座を開き、実際に商品を買うことで、今まであまり経済や社会の動きに関心がなかった人が、「よく知っているこの会社の株式は、こんなに高かったのか」と思ったり、**「日経平均株価」**や**「始値《はじめね》」「終値《おわりね》」**といった言葉を身近に感じたりすることもあるでしょう。

「自分は大胆な性格だと思っていたけれど、投資に関しては慎重で、利益は少なくてもリスクが小さい方を選んでしまう」「自分は臆病だと思っていたけれど、こんなに投資にはまるとは思わなかった」といった具合に、**新たな自分を発見する人もいるかもしれません。**

投資はきっと、金銭的にも精神的にも、みなさんの人生や生活をより豊かにしてくれるはずです。

この本を読み、投資に関する最低限の情報、そして投資信託を買う際のちょっとしたコツを手に入れたら、さっそく3000円投資生活を始めてみましょう。

POINT

投資を始めると、お金に対する考え方が変わり、新しい世界が広がる。最低限の知識や情報だけ手に入れたら、とりあえず３０００円投資生活を始めてみよう。

3000円投資生活で資産が増えるのは、投資が怖い人や忙しい人

「今まで投資をしたことがない」というみなさんの中には、もしかしたら「自分は投資には向いていない」と考えている人がいるかもしれません。

「面倒くさがり屋で、細かい作業が苦手」
「仕事や家事が忙しくて、そのほかのことに時間がかけられない」
「今まで、投資というものをしたことがない」
「判断力がなくて、なかなか物事を決められない」
「小心者で、冒険をしたり、損をしたりするのが怖い」

こうした理由から、**「自分は投資には向いていない」と思い込んでいる人は少なくない**でしょう。

しかし、こうした人こそ、実は３０００円投資生活に非常に向いています。

まず、「面倒くさがり屋だ」「忙しくて時間がない」という人。

3000円投資生活であれば、口座を開設し、「投資4」で紹介する「優れた投資信託」を月々3000円で積立購入する設定をしてしまえば、あとはほったらかしで大丈夫です。

値動きをこまめにチェックし一喜一憂したり、頻繁《ひんぱん》に売買を繰り返したりするのは、精神的にも時間的にも金銭的にも、むしろマイナスになりかねません。

投資にあまり時間をかけられない人。

面倒くさいことはせずに、お金の成長を気長に待てる人。

そういう人こそ、3000円投資生活に向いている人だと、私は思います。

「今まで投資をしたことがない」という人も同様です。

なまじ余計な知識があると、自分を過信し振り回されることも多くなります。

よそ見をせず、**リターンが飛び抜けて大きくない代わりにリスクも少ない商品だ**

けを買う人の方が、意外と着実に資産を増やせることもあります。


どんなに成功している投資家も、最初はみんな初心者です。

これまでやったことがなくても大丈夫です。

今、できるところから始めましょう。


次に、「自分には判断力がない」という人。

「投資をしても、高いときに買い、安いときに売るなど、売りどきや買いどきを間違え、損をしてしまうのではないか」と思っている人でも、３０００円投資生活なら大丈夫です。


３０００円投資生活は、売りどきや買いどきを瞬間的に判断し、短期間で利益を上げようというものではありません。

あとで詳しく説明しますが、「市場は、中長期的には成長していく」という前提のもと、「すぐには使うことがないお金」を時間をかけて育てていくものです。

ですから、即断即決能力は必要ありません。

一時的に投資信託の価額が下がっても、長いスパンで見れば回復する可能性は高いので、そのときが来るまで、ほったらかしにしておけばいいのです。

最後に、「自分は小心者だ」という人。

「冒険をしたり、損をしたりするのが怖い」というのは、慎重だということでもあり、そういう人は3000円投資生活に、非常に向いています。

むしろ、**「冒険が好きな人」こそ、注意が必要**です。

3000円投資生活の地道な方法に物足りなさを感じ、一獲千金《いっかくせんきん》を狙って、ハイリスク・ハイリターンな商品に手を出して、損をするおそれがあるからです。

どのような性格、どのようなライフスタイルの人であっても、必ずその人に合った投資方法があるはずです。

そして「投資など考えたこともない」という人、「自分は投資に向いていない」と思っている人にはぜひ、月々３０００円からの投資を試していただきたいと思っています。

POINT

面倒くさがり屋な人、忙しい人、投資をしたことがない人、判断力がない人、損をするのが怖い人。そんな人ほど、ローリスク・ローリターンで手間がかからない３０００円投資生活に向いている。

投資
3

まずはネット証券で、手軽に3000円投資生活を始めよう

それではさっそく、３０００円投資生活の具体的なやり方について、詳しくお伝えしましょう。

投資を始めるにあたって、最初にやらなければならないのが「証券口座の開設」です。

３０００円投資生活において最も面倒なのは、この「口座開設の手続き」だといえるかもしれません。

しかし、**ここさえ乗り切ってしまえば、あとは比較的簡単**に感じられるはずです。

以下、口座を開くにあたってのポイントを、できるだけシンプルにお伝えします。

少々時間と手間はかかりますが、頑張りましょう。

ポイント1：証券会社は楽天、SBIのいずれかを選ぶ

3000円投資生活では、基本的にはネット証券の口座を開くことをおすすめしています。

ネット証券なら、自宅で手軽に口座開設の申し込みをすることができます。手数料が安く、商品が豊富なのも魅力。

月々100～1000円の積立で買える商品も多く、少ない元手で投資を始めることができます。

まさに3000円投資生活向きなのです。

ただし、みなさんの中には、インターネットにあまりなじみのない方もいらっしゃるかもしれません。

そうした方のために、276ページからのコラムに、ネット証券を使わないやり方も紹介してありますので、ぜひ参考になさってみてください。

さて、数あるネット証券のうち、特におすすめなのは楽天証券、SBI証券で、それぞれ次のような特徴があります（2019年8月時点）。

●楽天証券　楽天銀行の口座や楽天カードと連携させれば、さまざまなメリットがあり、楽天市場などで使えるポイントももらえる。

●SBI証券　ネット証券の中で口座数が最も多い。住信SBIネット銀行の口座と連携させれば、さまざまなメリットがある。夜間取引ができる。

品揃え、手数料の手頃さは、これから投資を始める方にとっては大差ありませんが、この本でおすすめしている**楽天・全世界株式インデックス・ファンド**をiDeCoで購入できるのは、2019年8月時点では楽天証券のみです。「投資14」を読んで「iDeCoで楽天・全世界株式インデックス・ファンドを買いたい」と思われた方は、楽天証券を選びましょう。

さて、証券会社を決めたら、「口座開設申し込み」のページを開き、名前、生年月日、住所など、必要事項を入力していきます。

2016年1月から、口座開設の際、マイナンバーの通知が必要となりました。そのため、本人確認書類を提出するとともに、マイナンバーを登録します。今は、パソコンやスマートフォンから本人確認書類の画像をアップロードすることも可能です（郵送でもOK）。

一通り記入を終え、送信（送付）したら、後日、証券会社から書類が送られてきます。

書類に記されたIDやパスワードを使ってネット証券にログインすれば、取引を開始できるようになります。

ポイント2：口座の種類は「源泉徴収なしの特定口座」でOK

口座開設申し込みの際には、必ず、

●特定口座にするか、一般口座にするか。
●特定口座を開設する場合、源泉徴収をありにするか、なしにするか。

を尋ねられます。

「特定口座」「源泉徴収」など、聞き慣れない言葉が並び、「なんだか難しそう」と思われるかもしれませんが、初めのうちは、基本的には、

「源泉徴収なしの特定口座」

を選んでいただければよいと、私は思います。

投資によって年間20万円以上の利益を出すと、確定申告をし、税金を納めることになります。

その際、年間の売買の履歴《りれき》や損益《そんえき》を計算し、まとめた**「年間取引報告書」**という書類が必要です。

証券会社がその書類を作成してくれるシステムがあるのが「特定口座」、ないのが「一般口座」です。

一般口座だと、取引の損益の難しい計算など、書類作成をすべて自分でやらなければなりません。

特定口座にしておくと、確定申告をしなければならなくなったとき、手間を省くことができるわけです。

そして、「源泉徴収あり」と「源泉徴収なし」の違いは、以下の通りです。

●源泉徴収あり：必要な手続きを証券会社が代行してくれるので、確定申告の必要なし。
●源泉徴収なし：必要な手続き（確定申告）を自分で行う。

証券会社が確定申告を代行してくれるのだから、「源泉徴収あり」の方がおトクな感じがしますが、こちらを選ぶと、利益が年間20万円以下の場合でも、利益が発生した時点で、約20％の税金が自動的に徴収されてしまいます。

本来、支払わなくてもよい税金を、払うことになるのです。

３０００円投資の場合、最初のうちの利益は微々たるもので、とても20万円に達しないでしょうから、「源泉徴収なし　特定口座」からスタートしましょう。

ただし、次のようなケースに該当《がいとう》する方は、選択肢《し》の一つとして、「源泉徴収あ

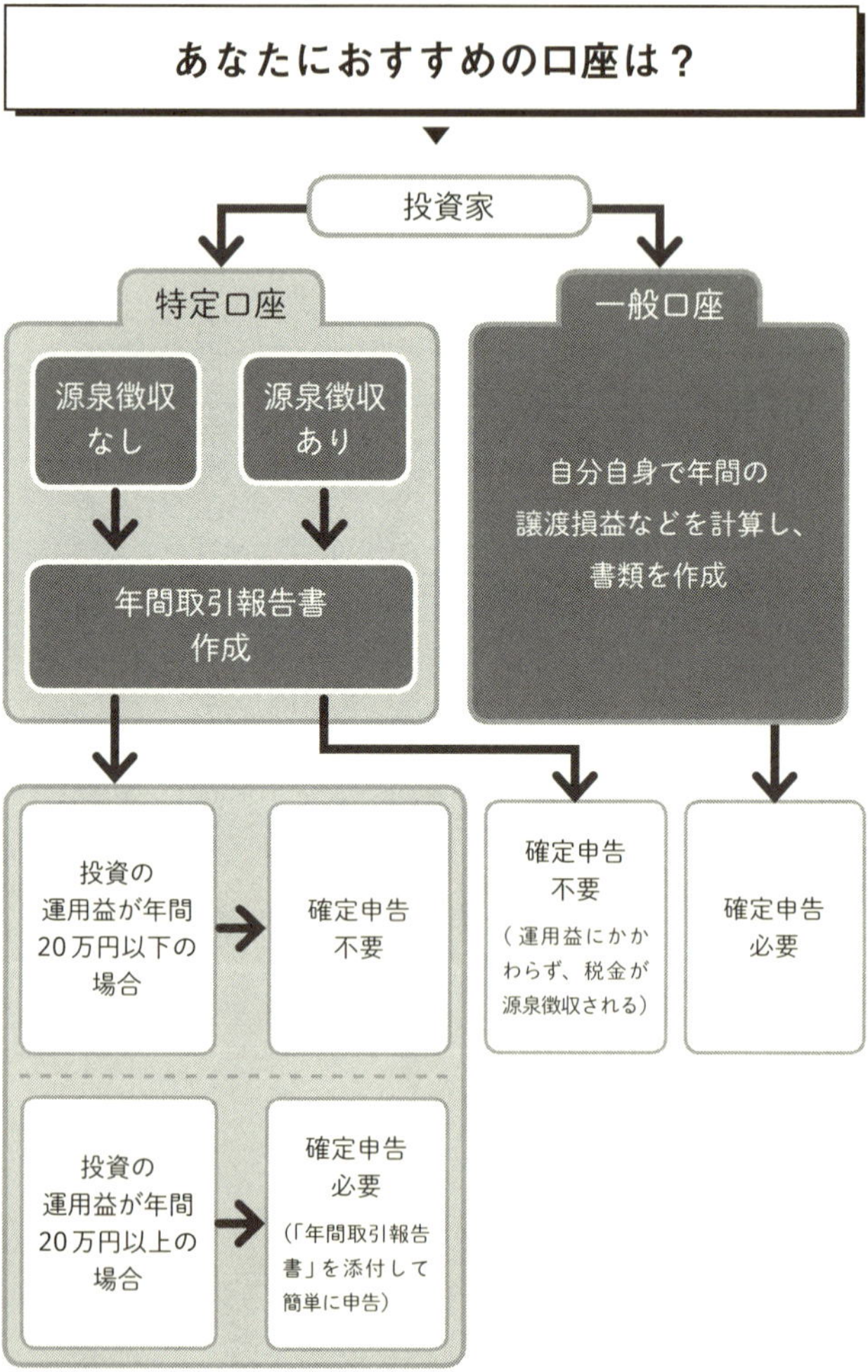
あなたにおすすめの口座は？
投資家
特定口座
一般口座
源泉徴収なし
源泉徴収あり
年間取引報告書作成
自分自身で年間の譲渡損益などを計算し、書類を作成
投資の運用益が年間20万円以下の場合
確定申告不要
確定申告不要（運用益にかかわらず、税金が源泉徴収される）
確定申告必要
投資の運用益が年間20万円以上の場合
確定申告必要（「年間取引報告書」を添付して簡単に申告）

りの特定口座」を考えていただいてよいでしょう。

●年間20万円以上の利益を想定している方で、確定申告をするのが面倒な方。

●「配偶者控除《はいぐうしゃこうじょ》」や「扶養《ふよう》控除」の適用を受けている主婦や学生で、その年の投資による利益が38万円を超えそうな方。

ご自身のニーズに合わせ、口座の種類を選びましょう。

POINT

証券口座を開くなら、ネット証券（特に、代表的な2社）がおすすめ。口座の種類は、基本的には「源泉徴収なしの特定口座」を選ぶ。

投資
4

これが基本！楽天・全世界株式インデックス・ファンドを選ぼう

さて、新たに投資を始めようという人は、とりあえず証券口座を開いたものの、おそらく「何を買ったらいいかわからない」と頭を悩ませるはずです。

世の中には、たくさんの「投資商品」があります。

金融商品だけにしぼっても、株式、債券、外貨預金、ＦＸ、金やプラチナ、不動産投資信託（Ｊ－ＲＥＩＴ）……とさまざまな種類があり、さらに、おびただしい数の銘柄があります。

あまりの選択肢の多さに嫌気が差し、「面倒くさいからやめよう」と思ってしまう人もいるかもしれません。

しかし、３０００円投資生活なら、選ぶべきものは決まっています。

今回、私がみなさんに特におすすめするのは、投資信託の一つである、

「楽天・全世界株式インデックス・ファンド」

（楽天投信投資顧問）

です。

「楽天」という名前がついていますが、楽天証券以外のネット証券でも購入可能です。

ネット証券のサイトの検索窓に、**「楽天全世界株式」**などと入力すれば、すぐにヒットしますから、商品ページに飛び、**「積立注文」をクリック**しましょう（「楽天・全世界債券インデックス・ファンド」と間違えないよう、ご注意ください）。

ネット証券であれば、ここで「目論見書《もくろみしょ》」閲覧《えつらん》のプロセスが入ります。

目論見書とは、その商品の特色やリスク、運用実績、手数料などが記載された書類のことです。

目論見書に目を通し終わると、「積立金額」「決済方法」「分配金コース」などを設定する画面が現れますから、

・積立金額……３０００円／月
・決済方法……月々の購入金額の引き落とし日（何日でもよい）
・分配金コース……再投資型

と入力しましょう。

みなさんが3000円投資生活でやるべきことは、以上です。

これで**「月々３０００円ずつの積立で、楽天・全世界株式インデックス・ファンドを買う仕組み」**ができあがったので、あとはほったらかしにしておいて大丈夫です。

実に簡単だと思いませんか?

ただ、みなさんの中には「投資信託って何?」「インデックスファンドって何?」「積立を選ぶ理由は?」と疑問に思われる方もいらっしゃるでしょう。

それについては「投資5」以降で説明しますので、興味のある方はぜひ読んでみてください。

なお、『はじめての人のための3000円投資生活』では、私は読者のみなさんに、「世界経済インデックスファンド」(もしくは「eMAXIS　バランス　8資産均等型」)を購入するようおすすめしました。

その時点(2016年7月)では、世界経済インデックスファンドが「簡単・安全・確実」な投資を行ううえで最適な商品だったのですが、2017年に、非常に**信頼性が高く、コストの低い**楽天・全世界株式インデックス・ファンドが発売されました。

「それを買うだけで、世界中のさまざまな地域のさまざまな企業に分散投資できる」という点は同じですが、世界経済インデックスファンドは、日本の株式や債券、外国（先進国から新興国まで）の株式や債券などがパッケージされた「バランス型ファンド」です。

バランス型ファンドは、ファンドマネジャーが、投資先の配分が大きく変わらないよう常に管理・調整しています。

一方、楽天・全世界株式インデックス・ファンドは、バランス型ファンドではありません。

全世界の株式のみで構成されたインデックス（指標）への連動を目指して運用されているインデックスファンドであり、どこにどれだけ投資されるかは、全世界型のインデックスの構成割合に沿って自動的に決められます。

本来は債券が含まれていた方が、よりリスクが分散されるのですが、特に投資を始めたばかりの方に関しては、まずは株式のみで構成された、よりリターンの見込めるインデックスファンドを運用していただいた方が良いと判断し、今回は、楽天・全世界株式インデックス・ファンドをみなさんにご紹介することにしました。

もちろん私も、楽天・全世界株式インデックス・ファンドを購入しています。

PART3で詳しくお話ししますが、私は、3000円投資生活は、**つみたてNISAやiDeCo**など、できれば運用収益が非課税になる口座で始めていただきたいと思っています。

そして、せっかく税制優遇のある口座で投資をしていただくなら、より多くの利益を見込めるような投資先を配分することが大事ですし、一般的には、債券よりも株式の方が、リスクもリターンも大きくなりがちです。

資産額が大きくなれば、債券を組み入れる必要性も出てくると思うのですが、最初のうちは、債券は特に必要ないと考えています。

すでに世界経済インデックスファンドを購入されている方は、そのままお持ちいただいても、いったん積立購入を解除しても、利益が出ているタイミングで売却していただいてもかまいませんが、今後は楽天・全世界株式インデックス・ファンドを購入されることをおすすめします。

この本を読んで初めて投資を始めるという方は、迷わず楽天・全世界株式インデックス・ファンドをご購入ください。

POINT

楽天・全世界株式インデックス・ファンドを、月々３０００円の積立で買う。それだけで、３０００円投資生活がスタートできる。

インデックスファンドへの投資は、失敗する可能性がきわめて低い

「投資4」では、3000円投資生活でぜひ購入していただきたい商品として、投資信託の一つである楽天・全世界株式インデックス・ファンドをご紹介しました。

しかし、今回初めて投資にチャレンジする方は、おそらく「投資信託って何？」「インデックスファンドって何？」と思っておられるのではないでしょうか。

そこで「投資5」では、投資信託やインデックスファンドについて、みなさんに簡単にお話ししておきたいと思います。

まず投資信託とは、**「投資家から集めたお金（ファンド）を、投資のプロであるファンドマネジャーが運用し、その成果に応じて、収益を投資家に分配する」**というものです。

投資家が、運用をファンドマネジャーに任せるから「投資信託」と呼ばれているわけです。

ファンドマネジャーは、たくさんの投資家から集まった膨大なお金で、日本中もしくは世界中の企業などの株式や債券などを買い、運用します。

つまり**投資信託は、複数の銘柄の株式や債券などの詰め合わせパックのようなもの**であり、「投資家が、少ない資金で、複数の企業などに分散投資できる」という大きなメリットがあります。

「投資」と聞くと、多くの人は「株式（個別株）を買うこと」を連想されるのではないかと思います。

株式には、一株100円や200円で買えるものもありますが、いわゆる一流企業の株式になると、数千円、数万円のものが多く、最低取引株数（単元株）は、100株からと決まっています。

たとえば、一株4000円の会社の株式を100株買うためには、最低でも40万円の資金が必要となるわけです。

しかも、株式への投資で損をするリスクをおさえるためには、複数の銘柄の株式を買う必要があります。

一つの銘柄の株式だけしか持っていないと、その会社の株価が暴落したとき、大きな損失が発生してしまうからです。

複数の銘柄を持っていれば、たとえある会社の株式で損失が出ても、別の会社の株式で利益が上がれば、損失を減らす、もしくは利益を出すことができますが、そのためにはさらに多くの資金が必要になりますし、「どのような銘柄を組み合わせたらよいか」といった勉強や研究も必要となります。

その点、投資信託なら、一つの商品を買うだけで、簡単に分散投資ができてしまうのです。

投資先はファンドマネジャーが考えてくれるので、投資家が頭を悩ます必要はありませんし、価額（投資信託の価値を表す単位）は一口1万円程度、積立なら、月々100円程度で購入できるものもあります。

このように、安く、簡単に分散投資ができ、失敗する可能性が少ないため、投資信託は初心者にも優しく、手が出しやすい商品であるといえるでしょう。

ただ、投資信託には一つ、大きな問題があります。

それは、成功するか失敗するかが、ファンドマネジャーの運用の仕方に左右されるということです。

もしかしたら、みなさんの中には、投資信託に対して「うさんくさい」「損をさせられる」といったイメージを抱いている方、「過去に投資信託を買って、ひどい目に遭った」という方もいらっしゃるかもしれません。

実際、**ハイリスク・ハイリターンな投資信託、高い手数料を取っている**わりには利益が低い投資信託、目先の流行に乗っただけの投資信託**（好調なのは最初の数年だけで、あとは損をするばかり）**の投資信託なども、世の中にはたくさんあります。

でも一方で、堅実に運用され、手数料が安く、リターンはそれほど大きくないけれど、失敗するリスクが少ない投資信託も、世の中にはたくさんあります。

そして、「ローリスク・ローリターン」な投資信託の代表的存在ともいえるのが、インデックスファンドです。

インデックスとは、市場の動向を示す指標や指数のことであり、インデックスファンドは、そのインデックスと連動することを目指して運用されます。

……ちょっと難しいですよね。

簡単に言うと、インデックスファンドの価額は、その市場全体の企業の株価の平均値と同様の動きとなるよう組まれています。

インデックスファンドには、日本の株式を対象としたもの、日本の債券を対象としたもの、先進国の株式を対象としたもの、先進国の債券を対象としたものなど、さまざまな商品がありますが、たとえば、日本の株式のインデックスファンドなら、日本の代表的な企業や、東証一部上場企業の株価の平均値と同様の動きとなることを目指し、構成が組まれているのです。

ですから、市場全体の株価が上がれば、インデックスファンドの価額も上がり、市場全体の株価が下がれば、インデックスファンドの価額も下がります。

また、インデックスファンドの価額の変動は緩《ゆる》やかで、乱高下することが少なく、市場に成長の余地や可能性がある限り、基本的には価額は上がっていきます。

企業の成長や、経済成長の恩恵を受けやすい商品だといえるでしょう。

どの銘柄をどのくらい買うかはコンピューターが自動的に決め、ファンドマネジャーの負担や手間があまりかからないため、手数料も高くありません。

このように、インデックスファンドは、リスクが低い代わりにリターンも飛び抜けて大きいわけではない、きわめて地味な商品ですが、私が知る限り、プロの投資家も、たいていインデックスファンドを保有しています。

世界最大の投資持株会社バークシャー・ハサウェイの筆頭株主兼ＣＥＯであり、**「最強の投資家」といわれるウォーレン・バフェットは、**

「非常に低コストなインデックスファンドに投資すれば、同時に投資を始めた90％の人よりも良い結果を得るだろう」

とまで言っています。

大儲けも大損もないけれど、小さなヒットが継続的に出やすい。

しかも、長期視点でとらえると、将来性に期待できる。

それが、インデックスファンドなのです。

ＰＡＲＴ２で詳しくお話ししますが、楽天・全世界株式インデックス・ファンドは、その名の通り、全世界の株式を投資対象としたインデックスファンドです。

これを買うだけで、世界中の代表的な企業に分散投資ができますし、コストも安く、失敗するリスクはきわめて低いといえるでしょう。

まさに、「簡単・安全・確実」な３０００円投資生活にふさわしい商品なのです。

ちなみに、インデックスを上回るパフォーマンスを目指した投資信託のことを**「アクティブファンド」**といいます。

アクティブファンドの場合は、ときには複数のファンドマネジャーが詳細に銘柄分析を行い、知恵をしぼって投資先を考えます。

そのため、手間と人件費がかかり、運用コストは高くなりがちです。

高利回りを狙ってリスクの高い運用をしているもの、せっかく高い利益が出ても、手数料と相殺《そうさい》されて、手元にはあまり戻ってこないものも少なくありません。
もちろん、中には優秀なアクティブファンドもあるのですが、それを見極めるためには、ある程度の知識と経験、情報が必要となります。

POINT

インデックスファンドは手数料が安く、リターンが飛び抜けて大きくない代わりにリスクも低い、簡単で将来性に期待できる投資信託である。

積立で買うから、タイミングを気にせず、気軽に始められる

楽天・全世界株式インデックス・ファンドを、「積立」で買うほうが良いと思うには理由があります。

積立は「毎月、決まった日に、一定額の投資信託が自動的に購入される」というシステムです。

たとえば、月々3000円ずつの積立の場合、ある月の購入日の投資信託の価額が1口9000円なら3分の1口分、次の月の購入日の価額が12000円なら4分の1口分購入されるわけです。

積立のメリットは、なんといっても、始めやすく、続けやすい点にあります。

いざ投資信託を買うとなると、特に初心者の方などはつい身構えてしまい、「今は買いどきなのだろうか」と迷ったり、「いつ買えばいいのか、タイミングがわからない」と悩んだりしがちです。

しかし積立なら、毎月定期的に購入日がやってきます。最初に積立購入の設定さえしてしまえば、あとはいちいち購入のタイミングを考えたり、手を煩わせたりする必要がありません。証券会社のシステムに任せているうちに、気がつけば資産が増えているというわけです。

また、投資信託の価額は日々変動しています。

たとえば、価額が上がっているときにまとめて買ってしまうと、当然のことながら購入金額は高くなってしまいますが、長い時間をかけて少しずつ買い続ければ、価額が上がる時期も下がる時期もありますから、結果的に購入金額が平均化されるというメリットもあります。

このように、「投資信託を積立で買う」という投資方法は、今まで投資をしたことがなく、「始めるタイミングがわからない」という人に、うってつけのやり方だといえるでしょう。

資金が十分でなくても、多少不安があっても、まずはできる範囲で投資を始め、「投資とは何か」を学ぶこと。

その最初の一歩こそが、何よりも大事なのです。

POINT

「投資を始めるタイミングがわからない」という人は、決めた商品を積立で買うことで、積立貯金をするように、気軽に投資を始めよう。

投資に焦りは禁物。最初の数年を過ぎれば、必ず楽しくなってくる

PART1の最後に、これから投資を始めるみなさんに、ぜひお伝えしておきたいことがあります。

それは、

「結果を焦《あせ》りすぎないでください」

ということです。

私はこれまで、数多くの「3000円投資生活を始めたばかりの人」のお話を聞いてきました。

その中でよく耳にしたのが、「最初の数年はなかなか利益が出ず、『このまま、このやり方を続けていていいのだろうか？』と思った」という言葉です。

すでにお話ししたように、インデックスファンドは、失敗するおそれが低い代わりに、リターンも飛び抜けて大きいわけではありません。

しかも、月々3000円ずつの積立で始めた場合、最初は微々たる利益しか出ませんし、少しでも価額が下がれば、多少は損失が出てしまうこともあるでしょう。

そうすると、今まで投資をしたことのない方などは、どうしても「このままでいいのだろうか」「ほかにもっと、確実に資産を増やせる投資方法があるのではないだろうか」といった不安を抱き、中にはせっかく始めた投資をやめてしまう人、一見派手ですぐに利益が上がりそうな商品に目移りしてしまう人もいます。

しかしそこで、迷ったりうろたえたりしないでください。

最初のうち、利益があまり出ないのは当たり前のことなのです。

投資の効果は、時間が経てば経つほど大きく表れるものであり、そのカギとなるのが「複利《ふくり》効果」です。

ここで、**「複利」**という耳慣れない言葉について説明しておきましょう。

銀行などに預金すると利息がついてきますが、預けたお金（元本）に対する利息の割合を示したものを「利率《りりつ》」といいます。

利息の額は**「元本×利率」**で計算でき、元本が大きくなれば、利息の額も大きくなります。

一方、投資の世界で「利率」に相当するのが、**「利回り」**です。

これは投資したお金（元本）に対し、毎年どれほどの利益が得られるかを示すものであり、やはり元本が大きくなれば、得られる利益も大きくなります。

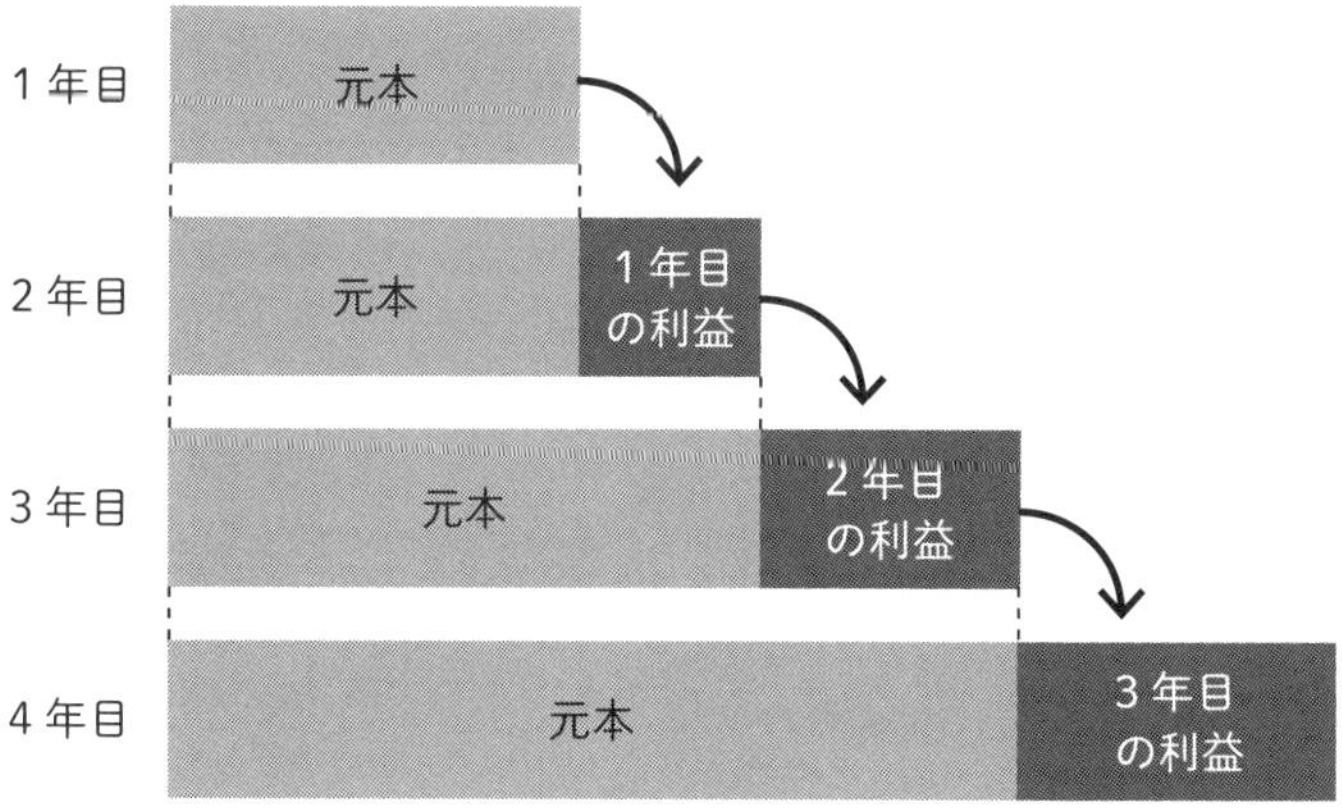

そして「複利」とは、**投資で得た利益を再投資し（元本に組み入れ）、元本を少しずつ大きくする**ことによって得られる、より大きな利益のことを指します。

逆に、投資で得た利益を再投資しなかった場合に得られる利益を「単利」といいますが、単利と複利では、最終的に手にする金額が大きく変わってくるのです。

たとえば、利回り3％の金融商品に100万円を投資した場合、10年間で単利と複利で元本と利益にどれほどの差が出るのか、見てみましょう。

（万円）

	1年目	2年目	3年目		10年目
単利	100（3）	100（3）	100（3）	…	100（3）
複利	100（3）	103（3）	106（3）	…	134（4）

※カッコ内はその年の利益。

それぞれ、10年間（10年後）に手にするお金の総額は次のようになります。

●単利　10年目の元本１００万円＋10年間の利益の合計30万円＝１３０万円
●複利　10年目の元本１３４万円＋10年間の利益の合計34万円＝１３４万円

このように、複利の場合は、いわば**「利息が利息を生む」**状態となり、時間が経てば経つほど、お金はどんどん増えていきます。

最初のうちはあまりお金が増えなかったり、赤字になったりしても、数年後には、元本割れする可能性はきわめて低くなりますし、超低金利時代の今、銀行などに預けておくよりも、確実にお金は増やせるはずです。

POINT

３０００円投資生活の効果は、すぐには表れない。慌てず焦らず、ゆっくり時間をかけて、お金を育てよう。

DELUXE

PART

2

最も効率よく安心して資産を増やせる、楽天・全世界株式インデックス・ファンド

楽天・全世界株式インデックス・ファンドなら、世界最強の運用会社、アメリカ・バンガード社の「VT」が手軽に買える

ＰＡＲＴ１では、主に３０００円投資生活のやり方についてお伝えしてきましたが、ＰＡＲＴ２では、３０００円投資生活でみなさんに購入していただきたい楽天・全世界株式インデックス・ファンドという商品について、より詳しくお話ししたいと思います。

楽天・全世界株式インデックス・ファンドは、「楽天・バンガード・ファンド（全世界株式）」「楽天ＶＴ」とも呼ばれています。

このうち楽天というのは、楽天・全世界株式インデックス・ファンドの運用会社である楽天投信投資顧問、バンガードというのは、主にＥＴＦを組成しているアメリカの投資運用会社・バンガード社の社名からきています。

楽天・全世界株式インデックス・ファンドは、楽天投信投資顧問とバンガード社の提携によって誕生した商品なのです。

ちなみにＥＴＦとは、「上場投資信託」、つまり株式市場に上場している投資信託のことです。

ＥＴＦもインデックスファンドの一種であり、市場の動向を示す指標や指数に連動するようにつくられた投資信託なのですが、売買の仕方が異なります。

普通の投資信託の場合、投資家は証券会社からじかに商品を購入しますが、ＥＴＦの場合、株式の売買同様に、投資家は証券会社を通じて、第三者の投資家からＥＴＦを購入し、証券会社を通じて、第三者の投資家に販売します。

ＥＴＦには、次のような特徴があります。

●購入できるのは、証券取引所が開いている時間帯のみ。
●株式市場に上場しているので、株式と同じように、売買の価格を自分で決めることができる。
●信託報酬（投資信託を運用している間、投資家が運用会社に支払い続ける報酬）が安いが、売買手数料がかかる（楽天・ＳＢＩの場合、約上代金の０・45％。条

件により、かからない場合もある）

●一口から購入することはできるが、数千～数万円程度のものが多く、最低投資金額が初心者には高いと感じる人もいる。

●自動積立ができないため、積立をする場合は自分で定期的に購入する必要がある（ただしＳＢＩ証券では、海外ＥＴＦの自動積立が可能）。

なお、バンガード社は、個人投資家の利益を追求する運用会社として深く信頼され、「世界最強の運用会社」ともいわれています。

実は、１９７６年に、**世界で初めて個人投資家向けのインデックスファンドを生み出した**のはバンガード社でした。

バンガード社の設立者であるジョン・ボーグルは、個人投資家が金融機関に高額な手数料や信託報酬を取られ、頻繁な商品の売買をすすめられ、損をさせられている状況を憂《うれ》い、コストが低く、ローリスク・ローリターンなインデックスファンドを開発したのです。

当初、「市場平均に連動させる」というインデックスファンドの考え方は、一般投資家に理解されず、「ボーグルの愚行」とまでいわれ、売り上げはまったく伸びませんでしたが、インデックスファンドという商品の長所や**「個人投資家の利益を追求する」**というバンガード社の姿勢は、時間が経つにつれ、徐々に評価されるようになりました。

その結果、現在ではアメリカの株式投資信託の20％以上がインデックスファンドで運用されるようになり、アメリカの『Pensions & Investments』誌に掲載された「世界の運用機関資産残高ランキング」によると、２０１７年末時点で、バンガード社の運用資産の総額は約４・９兆ドルとなっています。

これは、世界最大の資産運用会社である、アメリカのブラックロック社の約６・３兆ドルに次ぐ第２位の額であり、運用資産が多いということは、資産の運用を任せる投資家が多いということ、つまり信頼されているということです。

しかも、個人投資家の利益を追求するバンガード社の姿勢は変わらず、優れた運用実績と低コストを両立させたETFをいくつも組成しており、いずれバンガード社の運用資産総額は、ブラックロック社を抜いて、世界第1位になるのではないかともいわれています。

そして、バンガード社のETFの中でも、特に知名度の高い商品の一つが、世界49か国の主要企業の株式を投資対象とした**「バンガード・トータル・ワールド・ストックETF」**（ティッカーおよび通称「VT」）です。

楽天・全世界株式インデックス・ファンドは、そのVTを日本の個人投資家にも手軽に買えるようにした、**「日本版VT」**ともいうべき商品なのです。

POINT

楽天・全世界株式インデックス・ファンドは、個人投資家の利益を追求し信頼されている、アメリカの投資運用会社バンガード社のETF「VT」を、日本でも手軽に買えるようにしたもの。

一つ買うだけで、日本を含む全世界に分散投資できる楽天・全世界株式インデックス・ファンド

バンガード社のＶＴは、イギリスのＦＴＳＥラッセル社が算出している、世界49か国、約８０００銘柄の大型・中型・小型株で構成されている株価指数「ＦＴＳＥ Ⓡグローバル・オールキャップ・インデックス」への連動を目指しており、全世界の投資可能な市場時価総額の98％以上をカバーしています（２０１９年8月時点）。

先進国から新興国まで、世界中の株式市場に投資をすることができ、信頼性が高く、運用実績・コスト面でも優れているＶＴですが、数年前までは、

●アメリカの証券取引所が開いている時間（日本では夜間～早朝）しか取引できない。
●分配金の再投資が自動的にできない。
●単価が高い。
●為替《かわせ》取引をしなければならず、為替差損が発生する可能性がある。

といったデメリットがあり、日本で、特に投資に慣れていない人が買うには、ハードルが高い部分がありました。

すでにお伝えしたように、楽天・全世界株式インデックス・ファンドは、このＶＴの購入を楽天投信投資顧問が代行し、日本でも手軽に買えるようにした商品です。

つまり、楽天・全世界株式インデックス・ファンドを買うのは、ＶＴを買うのと同じことなのです。

しかも、ＶＴではできない分配金の再投資なども、自動的に行うことが可能です。

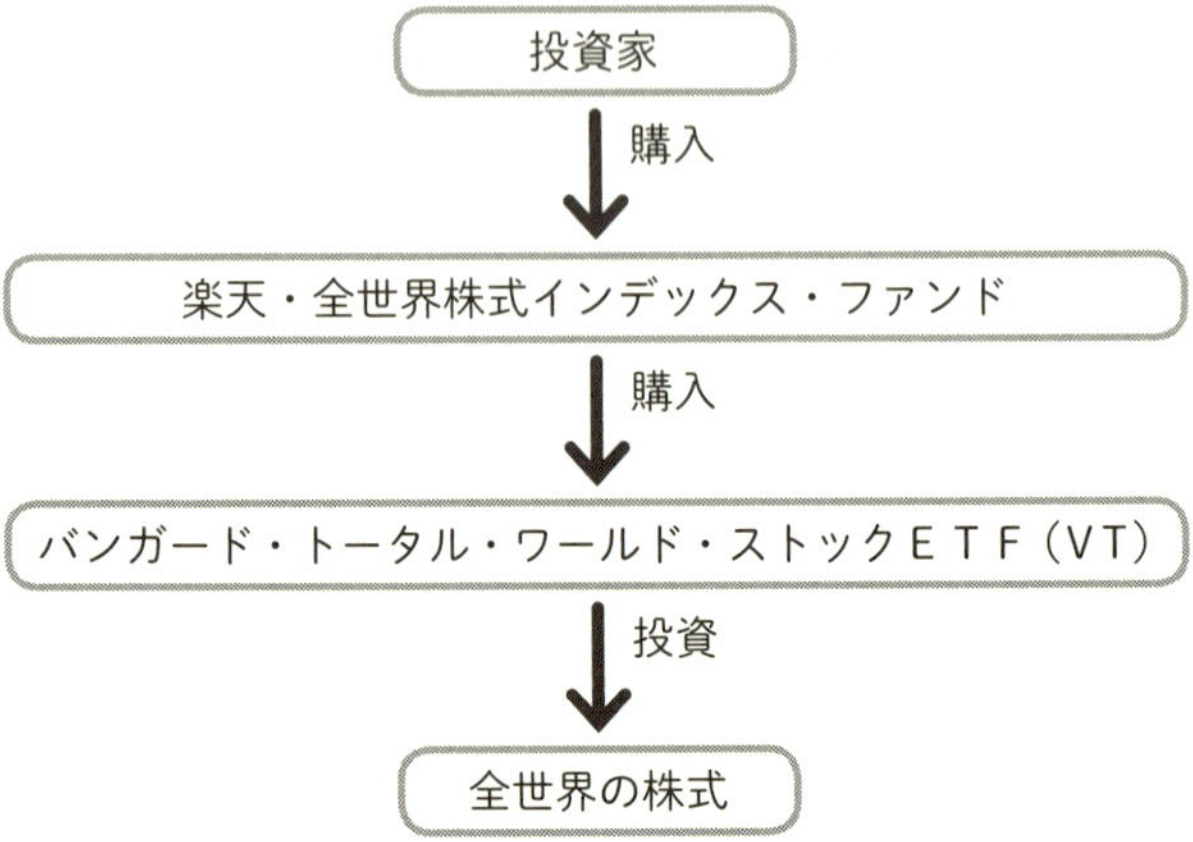

それでは、肝心の利回りについてお話ししましょう。

投資信託の利回りは、年率リターンを目安とすることが多く、一年あたりの平均リターンは、計測期間が長期にわたるほど安定するのですが、楽天・全世界株式インデックス・ファンドは、まだ販売されて2年ほどしか経っておらず、長期の利回りを出すことができません。

ですから、ここでは、VTを直近1年／3年／5年／10年運用した場合のトータルリターン（投資金額に対する利益率を、価

期間	トータルリターン（年率）	
	ＶＴ	世界経済インデックスファンド
1年	−1.08%	1.29%
3年	12.18%	7.13%
5年	7.84%	3.53%
10年	10.80%	6.14%

※２０１９年７月末時点、円貨ベース、モーニングスター調べ。
あくまでも過去の実績に基づいたものであり、今後必ずしもこの通りのリターンが得られるとは限りません。また、税金、売買手数料などは考慮していません。

格の値動きと分配金の両方を考慮して算出したもの）を見てみることにします。

世界経済インデックスファンドのトータルリターンと比べると、この1年間のパフォーマンスは下回っているものの、3、5、10年については、VTのパフォーマンスの方が、年率4～5％ほど上回っていることがわかります。

ちなみに、2019年6月末段階で、VTおよび楽天・全世界株式インデックス・ファンドにはアメリカの株式が50％強、日本株式も8％弱組み込まれており、マイクロソフト、アップル、アマゾン・ドット・コムなど、名の知られた企業の株式が銘柄構成比率の上位に並んでいます。

新興国への投資比率は、たとえば中国株式が3％強、インド株式が1％強と、あまり多くありません。

前述したパフォーマンス実績は、あくまでもこれまでのトータルリターンの結果であり、今後どう変化するかわかりません。

しかしこのように、投資先が分散されていることで、長期的に安定した利回りを見込めるのではないかと、私は思います。

これまでアメリカでしか買えなかったVTが、楽天・全世界株式インデックス・ファンドとして購入できるようになったのは、日本の個人投資家にとって喜ばしいことといえます。

このチャンスをぜひいかしてください。

POINT

楽天・全世界株式インデックス・ファンドを買うだけで、全世界の株式に分散投資でき、リスクをおさえつつ納得のいく利益を得ることができる。

コストをいかに低くおさえるかが、投資の成功と失敗を左右する

楽天・全世界株式インデックス・ファンドには、ほかにももう一つ、**大きなメリット**があります。

それは、「圧倒的なコストの安さ」です。

投資信託を購入し、運用すると、通常、

●購入時手数料（販売手数料）
●信託報酬（投資信託の運用管理費用）
●信託財産留保額（中途解約手数料のようなもの）

といったコストがかかりますが、投資で失敗しないためには、こうしたコストをできるだけ低くおさえることが重要です。

このうち、購入時手数料の相場は1～4％程度ですが、ここ数年で「ノーロード」と呼ばれる購入時手数料無料の商品がかなり増えてきました。

信託財産留保額は、相場は1～3％程度ですが、やはり手数料のかからない商品もあります。


問題は、「信託報酬」です。


信託報酬とは、運用会社や販売会社に支払う手数料のことで、運用している資産の残高に対し毎年一定の料率で発生します。

信託報酬の相場は年率0・1～2％程度ですが、利益が出ようと損失が出ようと、投資信託を運用している間ずっと発生し続けるため、長期にわたって投資信託を保有する場合は、できるだけ料率の低いものを選ぶ必要があります。

わかりやすく言うと、信託報酬1％（年率）の投資信託を運用し、3％の利益（年率）が出たとしても、手元に残る利益は、信託報酬を引いた2％分となります。

1％以下の利益しか出なかったり、損失が出たりした場合は、信託報酬の分だけマイナスになってしまうわけです。

信託報酬をおさえることがポイント

▼

元本 100 万円を 1 年間 4 %で運用できたときの信託報酬を比較すると……
（※運用益への課税は考慮していません）

	元本	運用益	資産額	信託報酬 資産額×信託報酬×消費税	実質運用益
投資信託 A 信託報酬 0.15%	¥1,000,000	¥40,000	¥1,040,000	¥1,684	¥38,316
投資信託 B 信託報酬 1.15%				¥12,916	¥27,084

信託報酬は保有期間中ずっとかかるので、
信託報酬 1 %の差でも運用益には大きな差が生まれる！

信託報酬 1 %の差を侮ってはいけない！

信託報酬 1 %の差が、複利でとても大きな差になる

▼

3 % の運用ができても、1 %の手数料がかかると実質 2 %に下がります。
この差は「複利」×「長期」で見ると、大きな差になっていきます。

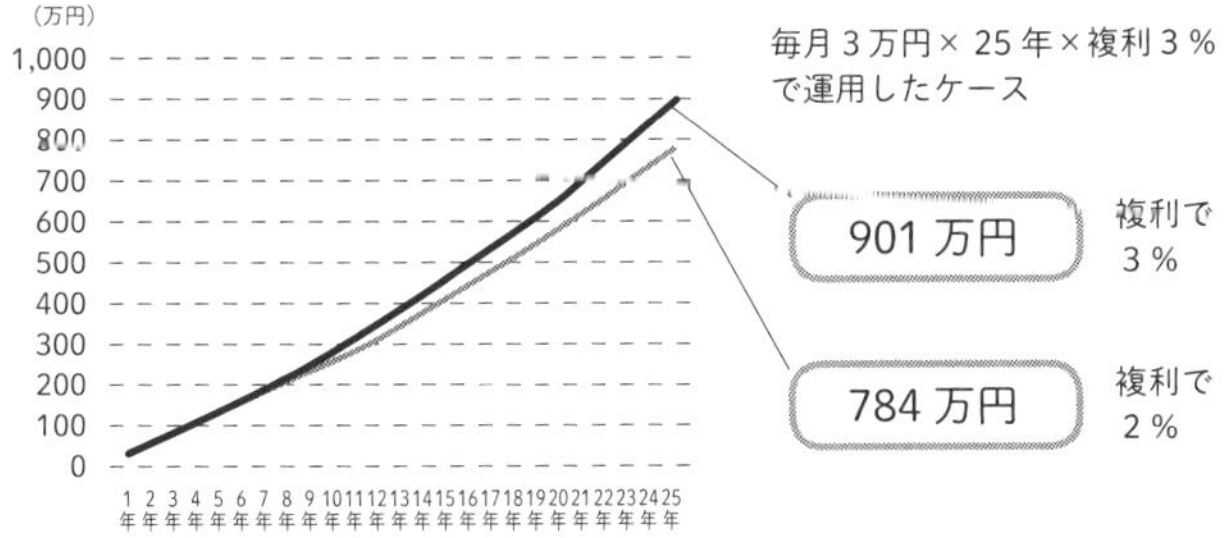

そして、信託報酬が1％違えば、投資信託の保有期間が長くなるほど、最終的に得られる利益が大きく変わってきます。

たとえば、月々3000円を利回り（年率）3％複利で20年間運用した場合、信託報酬が0・15％の商品と1・15％の商品とでは、得られる利益に10万円前後の差がつくのです。

なお、投資信託をコストの高い順に並べると、下の図のようになります。

コストが低い海外ETFの中でも、信託報酬が0・1％以下とひときわ安いのが、バンガード社のETFです。

アクティブファンド

高	銘柄の分析に手間と時間がかかるため、コストが高くなる。大きな利益が出る可能性もあるが、損失が出る可能性も高い。

インデックスファンド

中	飛び抜けて大きな利益が得られるわけではないが、どの銘柄をどのくらい買うか、コンピューターが自動的に決めるため、低コストで運用できる。

ETF

低	インデックスファンドを株式市場で自由に売買できるようにしたもので、信託報酬が低い。 ただし、分配金の再投資が自動的にできず、売買も自分で行う必要がある。

すでにお伝えしたように、バンガード社は、個人投資家の利益を追求しており、さまざまな工夫によって、徹底的なコスト減を図っているのです。

一方、**楽天・全世界株式インデックス・ファンドの、信託報酬を含むトータルコストは約0・22%**です（2019年8月現在）。

楽天投信投資顧問の信託報酬等が上乗せされるため、VTを直接買うよりは高くなってしまいますが、その分、「手軽に購入できる」「分配金の再投資ができ、複利効果が得られる」「為替取引の煩《わずら》わしさから解放される」といった大きなメリットがありますし、相場からすると十分に低い料率だといえるでしょう。

POINT

投資の成功と失敗は、コストによって大きく左右される。
楽天・全世界株式インデックス・ファンドのトータルコストは約0・22%と、相場からしても非常に優秀。

世界恐慌が起きたときこそ、インデックスファンドの買いどき！

これまで、本書では、

●信頼性が高い。

●全世界に分散投資でき、リスクやコストが低いわりに、リターンが大きい。

といった理由から、楽天・全世界株式インデックス・ファンドをおすすめしてきました。

また、「投資5」では「インデックスファンドの価額の変動は緩やかで、乱高下することが少なく、市場に成長の余地や可能性がある限り、基本的には価額は上がっていきます」とお話ししましたが、もしかしたらみなさんの中には「大恐慌などが起こったらどうなるのか」「楽天・全世界株式インデックス・ファンドを含め、インデックスファンドには、本当に盲点はないのか」と思う方もいらっしゃるかもしれません。

たしかに、投資において「絶対」「確実」はありません。

次ページのグラフは**過去の株価の動きと市場の暴落**を示したものですが、これを見ると、「市場は読めるものではなく、安定したものでもない」ということがおわかりいただけると思います。

インデックスファンドは、市場と同じような動きをすることを目指してつくられていますから、良くも悪くも、価額はこの動きの影響を確実に受けます。

そして市場は不規則に暴落しますから、グラフにあるような暴落が起これば、インデックスファンドですら大きく値が下がります。

3000円投資生活の最大のリスクは、「1929年の世界大恐慌のようなものが、老後の資金を確実に守りたい時期、たとえば定年退職前後などに訪れる」ことです。

その危険性がゼロではないということを頭の中に入れ、こうしたタイミングで投

過去の市場暴落（過去85年実績 1926年～2011年12月）

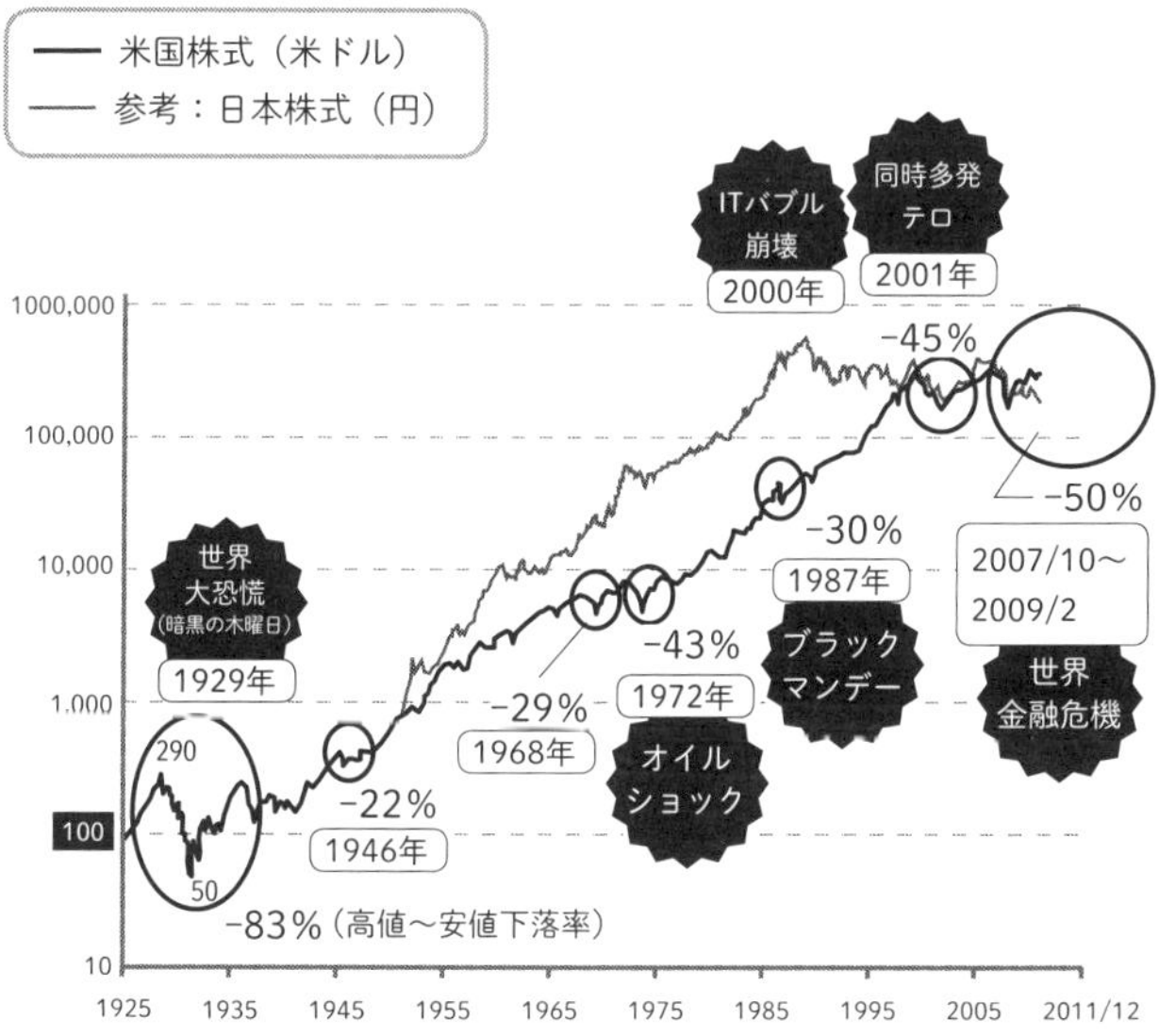

©2009-2012 わたしのインデックス http://myindex.jp

資信託を売却しなくてすむよう、貯金をしっかり持っておくことは、非常に大切です。

さらにリスクを減らしたいという方は、公社債など、恐慌などの影響を受けにくい、インデックスファンド以外の金融商品にも資産を分散させた方がいいでしょう。

ただ、やはりグラフを見ていただければわかるように、たとえ恐慌が起こり一時的に暴落しても、短くて3年、長くて10年ほど経てば、市場は回復し、暴落時の影響を吸収したうえで、**右肩上がりの成長**をしています。

つまり、「お金に余裕がなく、長年の運用によってつくった資産を、今すぐ全部売却しなければいけない」という状態でさえなければ、**恐慌時や暴落時は、むしろインデックスファンドなどを安く手に入れるチャンス**であるともいえるのです。

ふだんは積立でインデックスファンドを買っている人でも、こういうときは「今こそ、買いどきだ」と考え、あくまでも無理のない範囲で、スポット（一括）で買い増しをするのもよいかもしれません。

インデックスファンド、特に楽天・全世界株式インデックス・ファンドのような全世界型の商品の運用が決定的に破たんするのは、基本的には、世界経済が成長を完全にやめたとき、決定的に破たんするときです。

しかし、そのときはおそらく、金融機関への預貯金も含め、すべての投資が破たんするでしょう。

全世界型のインデックスファンドに投資をするのは「世界の、今後の経済成長に賭ける」ことです。

「この投資のやり方は本当に正しいのか？」という疑問を持つ方もいらっしゃるかもしれませんが、**この方法が一番合理的**なのです。

「短期間で大きな利益を得たい」という場合は、バランス型ファンドやインデックスファンドへの投資は適してはいませんが、投資のプロではなく、本業も家族もあり、趣味や余暇の時間を大切にしたい……という方なら、「世界経済にベットする」のは悪い選択肢ではありません。

恥ずかしながら、私にもかつて、多少揺らいだ時期はありました。

しかしその後は「大暴落が来ても、世界経済の成長が永遠にマイナスのままということはないんだから、**最終的にはプラスになる**」「結果、平均化されて、利回りは3～4％で落ち着くだろう」といった考えに基づいて投資を行い、実際にそうなっています。

3000円投資生活を始め、投資の面白さに気づいたら、可能な範囲でかまいませんので、世界の経済動向に目を向け、「もし恐慌が起こったら、どう行動するか?」といったことにも考えをめぐらせてみてください。

一時的に自分の資産が減っているだけと考え、上がるのをじっくり待つか。

それとも、あわてて積み立ててきたインデックスファンドを売ってしまうのか。

自分はどうするかを考えることで、投資に対するスタンスや価値観が、みなさんの中にしっかりと形成されていくのではないかと思います。

POINT

インデックスファンドへの投資にも「欠点」はあるが、一番合理的な投資方法であることは間違いない。

DELUXE

PART

3

つみたてNISAやiDeCoを利用し、節税しながら効率よく資産を増やす!

「つみたてNISA」「iDeCo」で、よりオトクに3000円投資生活をスタートさせる

ここまでお読みいただいた方は、おそらく「楽天・全世界株式インデックス・ファンドを購入し、3000円投資生活をスタートさせよう」とお考えになっていると思います。

しかしその前に、みなさんにもう一つ知っていただきたいこと、お考えいただきたいことがあります。

それは**「つみたてNISAとiDeCo、どちらで3000円投資生活をスタートさせるか」**ということです。

楽天・全世界株式インデックス・ファンドは、通常の口座（課税口座）でももちろん買うことができますが、「つみたてNISA」や「iDeCo」という制度を利用して購入すれば、節税効果を得ながら資産を増やすことができるのです。

ただ、みなさんの中には「つみたてNISAとかiDeCoって何？」「名前は知っているけれど、違いがよくわからない」という方もいらっしゃるでしょう。

プロローグやＰＡＲＴ１でもお話ししたように、超少子高齢社会の到来や年金制度の行き詰まりに伴い、近年、国は、国民一人ひとりが金融機関への預貯金（間接投資）から投資信託などの購入（直接投資）へと資産運用の方法をシフトチェンジさせ、自分自身で老後の資金を準備することを望んでいます。

そして、つみたてＮＩＳＡやｉＤｅＣｏは、そのために用意された制度です。

まずは、両者の特徴を簡単に比較してみましょう。

ごく簡単に言うと、ｉＤｅＣｏは自分で入る、自分で選ぶ、**「もう一つの年金」**というイメージであり、年金が受給年齢に達しないと支給されないのと同様、原則60歳まで売却し現金化（出金）することができません。

種類	つみたて NISA	iDeCo
対象年齢	20 歳以上	20 歳以上 60 歳未満
投資期間	最長で 20 年間	60 歳まで（運用は 10 年間延長可能）
運用可能商品	金融庁が認めた、投資対象に株式が含まれる投資信託と ETF	株式、債券、金、REIT（不動産投資信託）等に投資する投資信託や定期預金等
節税効果	運用で得た利益は全額非課税	掛金は全額、所得控除 運用で得た利益は全額非課税 受け取り時にも控除がある
月々の最低投資額	金融機関によって異なる 1000 円から可能なことが多い	5000 円
年間の投資可能額	40 万円（20 年間で合計 800 万円）	加入者によって異なる 自営業者 81.6 万円、専業主婦(主夫)27.6 万円、会社員 14.4 万円～ 27.6 万円、公務員 14.4 万円
売却・出金	いつでも可能	原則 60 歳までできない

「老後の資金作り」だけに目的を定め、すぐに使う予定のないお金で投資をするのであれば、iDeCoを利用するメリットは大きいのですが、お子さんの教育費や家の購入費等が必要で、60歳前に運用したお金を使う可能性が高い場合は、必要なときに売却・出金ができるつみたてNISAを利用した方がいいかもしれません。

もしかしたらみなさんの中には、それぞれの制度の内容や違いがわからず、「資料を取り寄せてはみたものの、まだ利用していない」という方がいらっしゃるかもしれませんが、それは大変もったいないことです。

詳しくは「投資13」以降でお伝えしますが、つみたてNISAで毎年40万円ずつ、20年間投資信託を積立購入し、仮に5%の利回りで運用した場合、通常の口座（課税口座）なら発生するであろう約114万円の税金が免除されます。

iDeCoの場合は、掛金が**全額所得控除**になるだけでもメリットが大きく、企業型確定拠出年金や企業年金等の制度がない企業に勤める会社員（課税所得金額が

330万円超～695万円以下の場合）が、投資可能額の上限（年間27万6000円）まで利用したとすると、年間約8万円、20年間で約165万円も節税できるのです。

これからお話しすることを参考に、ぜひつみたてNISAやiDeCoの利用を考えてみてください。

POINT

つみたてNISAもしくはiDeCoを利用して3000円投資生活をスタートさせ、節税しながら、より大きな資産をつくろう。

つみたてＮＩＳＡで、節税しながら効率良く資産をつくる！

ここではまず、つみたてＮＩＳＡについて詳しくお伝えしましょう。

つみたてＮＩＳＡは２０１８年１月にスタートした新たな制度で、「専用の口座で、積立で投資信託を買った場合、それによって得られた利益には20年間、税金がかからない」というものです。

なお、日本では２０１４年６月から「ＮＩＳＡ」という制度（年間１２０万円までの投資で得られた利益が５年間非課税になる制度）が始まっていました。

日本人の投資行動は長い間、「**金融機関への預金**」に偏っていました。

特に第二次世界大戦後、国の経済を立て直すうえで、「国民の財産を金融機関に集め、金融機関がそのお金を企業に融資し、産業を活性化させる」というシステムが必要だったからです。

ところがバブル経済の崩壊によって、そうしたシステムが行き詰まりを迎えたことから、近年、国は方針を変え、「国民が、金融機関に預けているお金を企業等に直接投資し、長期運用すること」を望むようになりました。

NISAは、そうした目的のためにつくられた制度でしたが、「非課税期間が5年と短い」「NISA口座と通常の口座の間で損益通算（ある商品で利益が出て、ある商品で損失が出た場合、利益と損失を相殺すること）ができない」といった使いづらさがあり、なかなか利用者数は伸びず、長期運用にもつながりませんでした。

その反省を踏まえてつくられたのが、「つみたてNISA」です。

つみたてNISAには、以下のような特徴があります。

●つみたてNISAの口座では、金融庁が認めた、一定の条件を満たす投資信託（インデックスファンド、アクティブファンド、バランス型ファンド、ETF）の積立購入しかできない。

●非課税期間は最長20年間、非課税投資枠は年間40万円。

つまり、最大で**800万円分の投資信託**を積立で買うことができるわけです。

これを、仮に5％の利回りで運用したとすると、20年後に得られる利益は約570万円であり、課税口座なら約20％の税金（約114万円）がかかりますが、つみたてNISAの口座なら全額免除されます。

ちなみに、つみたてNISA口座で買った投資信託は、いつでも売却して現金に換えることができますが、一度投資信託を買ったら、その分の非課税投資枠は、たとえ途中で売却しても復活しません。

20年かけて800万円分の投資信託を買ったとしても、途中で200万円分を売却してしまうと、最終的に非課税メリットを受けられるのは600万円分だけとなります。

つみたてNISAの非課税メリットを最大限に活かし、得られる利益を最大化するためには、できるだけ途中で売却せず、長期運用する必要があります。

ですから、つみたてNISAで投資信託を買うなら、当分使う予定のない余剰資金で購入するのが最も理想的だといえるでしょう。

もしみなさんが「つみたてNISAを利用したい」と思った場合は、つみたてNISAの専用口座を開設しなければなりません。

ネット証券などに口座（総合取引口座）を開く際、「NISAもしくはつみたてNISAの口座をつくるかどうか」を確認されるので、「つみたてNISA」を選び、手続きを行ってください。

NISAの口座とつみたてNISAの口座は同時には持てないので、**誤ってNISAの口座を選ばない**よう注意しましょう。

いずれかの証券会社に総合取引口座を持っている方は、ネットもしくは店頭で、新たにつみたてNISA口座の開設を申し込んでください。

では、つみたてNISAの口座では、どの商品を買ったらいいのでしょうか？

すでにお伝えしたように、つみたてNISAの口座で買えるのは、金融庁が認めた、さまざまな条件をクリアした投資信託ばかりであり、いずれも信頼性が高く、積立購入・分散投資・長期保有に向いているといえます。

手数料が高く、投資信託を販売している金融機関ばかりが儲かるような商品は含まれていないと考えてよいでしょう。

ただ、インデックスファンドはアクティブファンドほど条件が厳しくなく、新設の商品も認められているため、中には純資産総額があまり多くないものもあります。

初めて投資をされる方、投資を始めて間もない方であれば、つみたてNISAでもやはり、楽天・全世界株式インデックス・ファンドを購入されることをおすすめします。

しかし、みなさんの中には、「全世界投資型だけでなく、たとえば日本や外国の株式に投資している投資信託に、個別に投資したい」という方もいらっしゃるかもしれません。

その場合は、以下のような商品を組み合わせていただくとよいでしょう。信託報酬などは随時変わるため、商品を選ぶ際に比較・検討してみてください。

●eMAXIS Slimシリーズ（三菱UFJ国際投信）
●iFreeシリーズ（大和証券投資信託委託）
●たわらノーロードシリーズ（DIAMアセットマネジメント）
●ニッセイTOPIXインデックスファンド（国内株式。ニッセイアセットマネジ

メント）
●ニッセイ外国株式インデックスファンド（外国株式。ニッセイアセットマネジメント）

「投資16」に、私のところに相談に来られたお客様の事例を、PART5に、私自身の投資の配分の例を紹介していますので、そちらを参考にしつつ、どの商品にどのくらい投資をするか、ぜひご自身で考えてみてください。

POINT

つみたてNISAは積立購入・分散投資・長期保有に向いており、節税効果も高い。すぐに必要としないお金があるなら、つみたてNISAで投資信託を購入してみよう。

投資で老後資金をつくりたい人は、iDeCoをうまく利用しよう

つみたてNISAと並び、もう一つみなさんに知っておいていただきたい制度が、個人型確定拠出年金「iDeCo」です。

耳慣れない言葉が並び、「難しそう」と思われるかもしれませんが、「投資で、**老後の資金をつくりたい**」と考えている方にとっては非常に役に立つ制度ですから、ぜひ内容を理解し、利用を検討してみてください。

まず、確定拠出年金とは「毎月決まった額の掛金を積み立て、それをどのように運用するかを自分で決め、自分の老後の資金をつくる」という私的年金制度です。

将来どのくらいの年金が受け取れるかは、運用結果によって変動するため、ハイリスク・ハイリターンな運用をすれば、老後の資金が大きく増えることもあれば元本割れすることもありますし、ローリスク・ローリターンな運用をすれば、増え方はそこそこですが、失敗する危険性も少なくなります。

そして、確定拠出年金には「企業型」と「個人型」があります。

確定拠出年金は、年金の2～3階部分

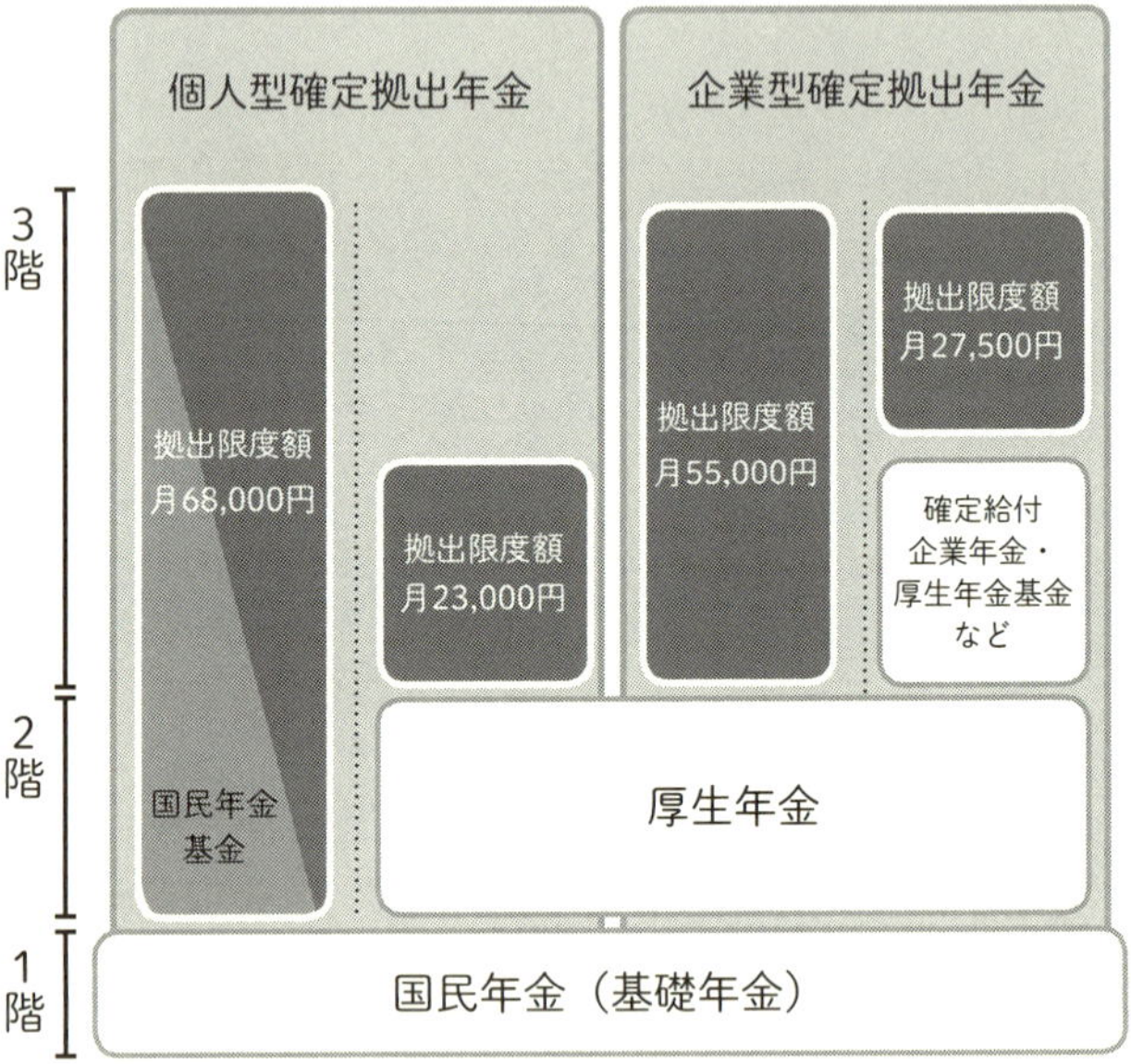

2017年1月より以下が新設されました

種類	職種	拠出限度額
個人型	専業主婦（第3号被保険者）	月23000円
個人型	公務員	月12000円
個人型	会社員 （確定給付年金のみがある企業）	月12000円

※企業型確定拠出年金がある企業や、企業型確定拠出年金と確定給付年金の両方がある企業の会社員は、企業が掛金の年上限額を引き下げた場合、個人型確定拠出年金に加入できる。

掛金を企業が拠出し、加入者（社員）が運用する商品を決めるのが企業型、掛金を全額加入者が自己負担するのが個人型です。

企業型は、企業が掛金を全額負担するのが主流ですが、企業によっては、社員がそれに上乗せすることもできます。

これを「マッチング拠出」といい、掛金は全額所得控除されます。

個人型はそもそも、自営業者や、企業年金制度（企業型確定拠出年金含む）がない企業の社員の加入を目的としたものでしたが、2017年1月から利用対象範囲が拡大され、主婦（主夫）、公務員、企業年金制度がある企業の社員（企業の規約で、個人型への加入が認められていない場合等は不可）など、実質的には20～60歳であれば誰でも利用できるようになり、それと同時に「iDeCo」という愛称がつけられました。

iDeCoの最大のメリットは、「**節税**しながら、**老後の資金**をつくることがで

課税所得	税率		年間掛金		
	所得税	住民税	14万4,000円の場合	27万6,000円の場合	81万6,000円の場合
195万円以下	5%	10%	2万1,600円	4万1,400円	12万2,400円
195万円超え～330万円以下	10%		2万8,800円	5万5,200円	16万3,200円
330万円超え～695万円以下	20%		4万3,200円	8万2,800円	24万4,800円
695万円超え～900万円以下	23%		4万7,520円	9万1,080円	26万9,280円
900万円超え～1,800万円以下	33%		6万1,920円	11万8,680円	35万880円
1,800万円超え～4,000万円以下	40%		7万2,000円	13万8,000円	40万8,000円
4,000万円超え～	45%		7万9,200円	15万1,800円	44万8,800円

きる」点にあり、次のように、３段階で税制優遇されます。

①掛金が全額所得控除される。
②運用で得た利益は、運用期間中は非課税である。
③運用期間終了後、一括でお金を受け取れば、「退職金控除」が適用され、年金形式で受け取る場合は、「公的年金雑所得控除」が適用される。

このうち、②や③で得られるメリットの大きさは、運用結果やお金の受け取り方によって変わりますが、実は①だけでも大変おトクです。

前ページの表は、年間の投資可能額の上限いっぱいまでiDeCoに掛金を積み立てた場合、それが全額所得控除されることで、**年間の税金がどれだけ安くなるか**を示したものです。

なお、年間の投資可能額の上限は、

●企業年金制度がある企業の社員や公務員が14万4000円（表の一番左の列。ちなみに、企業型確定拠出年金のみに加入している場合は24万円）
●企業年金制度がまったくない企業の社員や専業主婦（主夫）が27万6000円（表の真ん中の列）
●自営業者が81万6000円（表の一番右の列）

となっています。

厚生労働省の「就労条件総合調査」によると、2018年時点で、何らかの企業年金制度を導入している企業は全体の3割以下であり、国税庁の「民間給与実態統計調査」によると、2017年度の日本の平均年収は432万円となっています。

そこで、あてはまる人がもっとも多いと思われる、表の真ん中の列の、課税所得330万円超～695万円以下をみると、掛金が全額所得控除されるだけで、年間約8万円、20年間で**約165万円の節税**となることがわかります。

年間約8万円節税できるということは、月々6000円強、手取りが増えるのと同じことですから、その分をつみたてNISAにまわすというのもありだと思います。

さて、つみたてNISA同様、iDeCoを始めるときには、専用の口座を開く必要があります。

複数の金融機関に口座を持つことはできず、途中で金融機関の変更をすることはできますが、手続きが煩雑《はんざつ》になります。

金融機関によって購入できる商品も口座管理手数料も異なるため、品揃えや手数料等を比べてしっかり吟味し、あとで面倒な思いをしなくてすむよう、できるだけ最初から自分に合った金融機関を選びましょう。

次に、iDeCoで買うべき商品についてですが、今まで投資をしたことがない人が、よくわからないままにｉＤｅＣｏを始め、ハイリスク・ハイリターンな商品に手を出して損をしてしまったり、必要以上にリスクを恐れ、元本は保証されているものの、利回りが限りなくゼロに近い定期預金のみを保有してしまったりするケースは少なくありません。

しかし、３０００円投資生活である程度投資に慣れたみなさんなら、うまく制度を利用できるはずです。

まずは、

●楽天・全世界株式インデックス・ファンド
●ＳＢＩ・全世界株式インデックス・ファンド（愛称「雪だるま（全世界株式）」。ＳＢＩアセットマネジメント）

のうち、その金融機関が扱っているものを購入しましょう。

なお、現在、こうした全世界型の商品をiDeCoで扱っている金融機関は限られているため、口座開設前に、商品の有無を確認しておきましょう。

また、金融機関によっては、月々100円から積立可能なつみたてNISAとは異なり、**iDeCoは月々5000円以上**での積立となりますから、注意してください。

そのうえで、もう少し運用する商品の幅を広げたいという方は、

●eMAXIS　Slimシリーズ（三菱UFJ国際投信）

加入期間	受給開始可能年齢
10年以上	60歳
8年以上 10年未満	61歳
6年以上　8年未満	62歳
4年以上　6年未満	63歳
2年以上　4年未満	64歳
1年以上　2年未満	65歳

●iFreeシリーズ（大和証券投資信託委託）
●たわらノーロードシリーズ（DIAMアセットマネジメント）
●ニッセイTOPIXインデックスファンド（国内株式。ニッセイアセットマネジメント）
●ニッセイ外国株式インデックスファンド（外国株式。ニッセイアセットマネジメント）

などのインデックスファンドのうち、その金融機関が扱っている商品を、ご自身で適切なバランスを考えながら組み合わせ、運用するとよいでしょう。
やはり「投資16」の事例や、私自身の投資の仕方（PART5）を参考にしつつ、どの商品にどのくらい投資をするか、ぜひご自身で考えてみてください。

それでは最後に、iDeCoのデメリットについてもお伝えしておきましょう。
まず、iDeCoはあくまでも「老後のための資産形成」という目的でつくられた制度であり、原則、60歳まで解約する（引き出す）ことができないため、60歳までに必要なお金まで掛金にまわしてしまい、「老後の資金は増えているけれど、手元に現金がない」という状態に陥らないようにしましょう。

長い間保有することになりますから、信託報酬の低い商品を選ぶことも大事です。

しかも、60歳以降70歳までの間で、いつでも好きなときに引き出せるのは、iDeCoに通算で10年以上加入している人だけです。10年未満の場合は151ページの表のように、受給開始可能年齢が加入期間に応じて繰り下がっていきますから、注意が必要です。

また、投資は時間をかければかけるほど、**複利効果でメリットが大きく**なります。ある程度の年齢に達した方がiDeCoを始めた場合、運用期間が短くなるため、運用ではあまりメリットを享受できない可能性があります。

ただ、「掛金の全額所得控除」の恩恵は受けることができるので、所得税や住民税の節税を目的にiDeCoを活用するのもよいと思います。

さらに、60歳以降にiDeCoで積み立てた資産を受け取るときには、税金がかかります。

iDeCoの受け取り方としては、

●退職金と一緒に一時金として受け取る。
●退職金と時期をずらして、一時金として受け取る。
●年金で受け取る。
●年金と一時金を併用する。

といったパターンがありますが、受け取り方によって税金の額が大きく変わる可能性がありますし、「どの受け取り方が一番トクなのか」は人によって異なります。

税制も頻繁に変わりますから、iDeCoを受け取る年齢になったら、「どのような受け取り方が一番よいか」を**専門家に相談**してみるとよいかもしれません。

老後の資金の使い方で、なにが正解というものはありませんが、iDeCoでつくった貯蓄は、あなたの強い味方になってくれるはずです。

将来の年金がもらえるかどうか不安、年金の受給開始年齢が引き上げられるかも、と不安な方は多くいらっしゃると思います。

そうした今だからこそ「自分で年金をつくる」くらいの気持ちでこの制度を利用してもよいのではないでしょうか。

POINT

iDeCoは、節税しながら老後の資金をつくるうえで非常に有効。金融機関による手数料や品揃えの違い、デメリットなどをしっかり把握し、上手に利用しよう。

国民年金5万5000円、厚生年金15万円。つみたてNISA、iDeCoで老後に備えなければならない、これだけの理由

今、この本を読んでおられるみなさんの多くは、おそらく「老後の生活」に対して、「死ぬまでお金に困らずに生活することができるのだろうか」という、漠然とした不安を抱えていらっしゃるのではないでしょうか。

たしかに、人生１００年時代といわれる今、給与所得と貯金と公的年金だけを頼りに長い「老後」を生きるのは、かなり難しいといえるでしょう。

60歳を迎えると、多くの人は定年退職し、再雇用されますが、その時点で、給与額は少なくなります。

現役時代の半分程度になるという人もいれば、それ以上に減ってしまう人もいるでしょう。

公的年金も、十分とはいえません。

２０１９年度の国民年金（老齢基礎年金）の満額は一人あたり78万96円（月額

6万5008円)、厚生労働省の発表した「平成28年度厚生年金保険・国民年金事業の概況」によると、平均支給額(月額)は5万5464円です。

老齢厚生年金の平均支給額(月額)は14万7927円で、「標準的な夫婦二人世帯」(夫が現役時代、平均月収42万8000円で40年間勤務し、妻が専業主婦)の、二人分の老齢基礎年金と夫の老齢厚生年金などを合わせた額は、月額22万1277円、年額にすると265万5324円です。

一方で、支出はそう大きく減らすことができません。

総務省の家計調査報告によると、2018年の高齢夫婦無職世帯の1か月の平均支出額は26万4707円。

前述した「標準的な夫婦二人世帯の年金月額」を上回っています。

実際、私の元に家計相談に来られる高齢者の方からも「年金暮らしで、どうしても**毎月4万円の赤字**が出てしまう」といった話を、非常によく聞きます。

ある程度の預金があったとしても、今のような超低金利時代には利息はつきませんし、増えることのない**預金を切り崩して生活する**のは、不安も大きいはずです。

金融広報中央委員会が発表した「家計の金融行動に関する世論調査（平成30年）」によると、50代の平均貯蓄額（金融商品保有額）は、単身世帯で１０４３万円、二人以上世帯で１４８１万円という数値が出ていますが、中央値（値を小さい順に並べたとき、中央に位置する値）を見ると、単身世帯で１００万円、二人以上世帯で９００万円となっています。

仮に貯金が、50代の平均貯蓄額の中央値と同じ９００万円だったとすると、年間48万円の赤字が出続けた場合、19年目には貯金額はマイナスになってしまうのです。

現役時代の年収が６００万〜７００万円あったご夫婦が、ご主人の定年退職後、収入が減ったにも関わらず、支出をうまく減らすことができず、**老後破産してしまった**、というケースも少なくありません。

今後、年金の受給額がますます減らされ、受給年齢が引き上げられる可能性は十分にありますし、インフレが起こって資産が目減りしてしまうおそれもあります。**老後破産は誰にとっても、対岸の火事ではない**のです。

では、そうした事態に陥るのを防ぐには、どうしたらよいのでしょう。

もちろん、家計をしっかり管理してムダな支出を減らし、できるだけ収入の範囲内で生活するよう心掛けることも大事です。

しかし、おそらくみなさんは、定年後の人生に対し、「苦労をかけた妻と、いろいろな場所に旅行に行きたい」「かわいい孫に、贈り物をしてあげたい」「現役時代は仕事が忙しくてなかなかできなかった趣味を極めたい」といった夢や希望を抱いていらっしゃるのではないかと思います。

長年働き続け、定年退職してせっかく自由な時間を手に入れたのに、ひたすら節約し、やりたいことを我慢して過ごすのは、あまりにも味気なく淋しいことではないでしょうか。

ですからみなさんにはぜひ、「投資信託の運用によって、老後の資金を増やすこと」を考えていただきたいと、私は思います。

「老後の不安をなくす」と同時に、「老後をできるだけ楽しく、豊かに過ごす」ために、お金を増やすのです。

その際、非常に**力強い味方**となるのが、**つみたてNISAやiDeCo**です。

つみたてＮＩＳＡもｉＤｅＣｏも、金融庁の肝煎りで始まった制度です。

この制度が作られた背景には、国民の投資手段を「金融機関への預金という間接投資」から「企業への直接投資」にシフトチェンジさせることで、日本の経済を活性化するという目的もありますが、もう一つ、「国民一人ひとりに、自分の老後の資産を自分でつくらせる」という目的もあります。

そのために、さまざまな税制優遇措置がとられているのであり、いわば国が、資産形成のための**最高の環境**を用意してくれているようなものです。

利用しない手はありません。


「投資をしたことがない」という方に理由をうかがうと、「今はそんな余裕がないから」との答えが返ってくることがしばしばあるのですが、「投資20」でお話しするように、実は日々の支出の中には、さほど無理をしなくても減らせるものがたくさんあります。

みなさんにはぜひ一度、家計のあり方をしっかりと見直したうえで、余ったお金を、**少しずつでも投資にまわして**いただきたいと思っています。ムダな支出が減り、逆に投資によって収入が増えていけば、老後の生活に対する不安は解消され、老後破産の防止にもつながるはずです。

では、みなさんの場合は、つみたてNISAとiDeCo、どちらで3000円投資生活を始めるのがよいのか（もちろん、両方を併用するという手もあります）。「投資16」では実際の事例をもとに、一緒に考えていきましょう。

POINT

給与と貯金と公的年金だけで、人生100年時代の老後を生き抜くのは難しい。つみたてNISAやiDeCoを利用して、楽しく豊かな老後を目指す。

事例をもとに、自分なりの投資バランスを考える

ここでは、私のところに家計の相談にいらっしゃった、4名の方の事例をご紹介したいと思います。

4名とも、最初は少額の投資からスタートしましたが、慣れてくるに従って少しずつ額を増やし、現在ではそれぞれの年齢や家族構成、収入、ライフプラン等に合わせて、さまざまな投資信託を購入し、資産をつくっています。

投資は人の数だけ正解がありますし、考え方（経済をどのようにとらえるか、どのくらいまでリスクを受け入れられるか、など）も人によって異なります。

年齢や家族構成、収入などが似ているからといって、まったく同じバランスで同じ投資信託を購入しても、うまくいくとは限りません。

ここでご紹介する事例はあくまで参考程度にとどめ、「どのようなバランスで、どのように投資をするか」を、みなさん自身で考えてみてください。

事例1 Aさんの場合

【Aさんについて】

- 家族構成……………Aさん（42歳、公務員）、妻（40歳、パート）、長女（5歳）
- 手取り月収…………30万円
- 貯蓄額………………195万円（初回相談時）→225万円（現在）
- 月々の黒字（貯金・投資可能額）…3万円
- リスク許容度………小（あまりリスクを負いたくない）
- 利用している証券会社………楽天証券
- 投資の目的…………老後資金、子どもの教育費をつくりつつ、節税もしたい

2年前に初めてお会いしたとき、Aさんは40歳でした。

40代を迎え、どうすれば今後必要になるお子さまの教育費と夫婦の老後資金を効率よくつくることができるか、相談にいらっしゃったのです。

その時点で、Aさんたちの貯金額は195万円でしたが、月収の7・5か月分（225万円）には少し足りませんでした。

しかし、家計をしっかり管理することで、月々3万円の黒字になることがわかったため、貯金が目標額に達するまでは、2万5000円を貯金に、5000円を投資にまわすことになりました。

スタート時の投資額を5000円にしたのは、「老後資金をつくりたい」「節税をしたい」というAさんの目的には、**iDeCoの利用が適している**と判断したからです。

Aさんは以前から投資に対し、「一日も早く始めなければ」と思いつつ、漠然とした不安を抱えていました。

そこで、Aさんはまず、世界の株式と債券に投資できる、世界経済インデックスファンドを選択しました。

バランス型ファンドである世界経済インデックスファンドには、株式と債券が50%ずつ含まれており、株式だけで構成されたインデックスファンドに比べて、リスクがおさえられるようになっているからです。

一年後には貯金額が月収の7・5か月分に達し、投資にも慣れてきたため、月々の**黒字3万円をすべて投資に**まわすことになりました。

その際、iDeCoへの投資額を、公務員の月々の掛金の上限である1万2000円に増額し、主にお子さまの教育費をつくる目的で、つみたてNISA口座で1万8000円ずつの積立も始めました。

Aさんはまず、世界経済インデックスファンドの積立購入をやめ、楽天・全世界

A さん 3000円投資生活
スタート時

▼

選んだもの ＝ iDeCo

投資総額 月5000円

バランス型
世界経済
インデックスファンド
5000円

↓

そして…

1年後、投資総額
月3万円に！

↓ 1年後のAさんは ↓

投資総額 月3万円	内訳	iDeCo :1万2000円 つみたてNISA :1万8000円

バランス型よりもコストが低くリターンの良い
全世界型株式インデックスファンドに変更

iDeCo

全世界型

楽天・全世界株式
インデックス・ファンド

7000円

＋

インデックスファンドの組み合わせ

5000 円

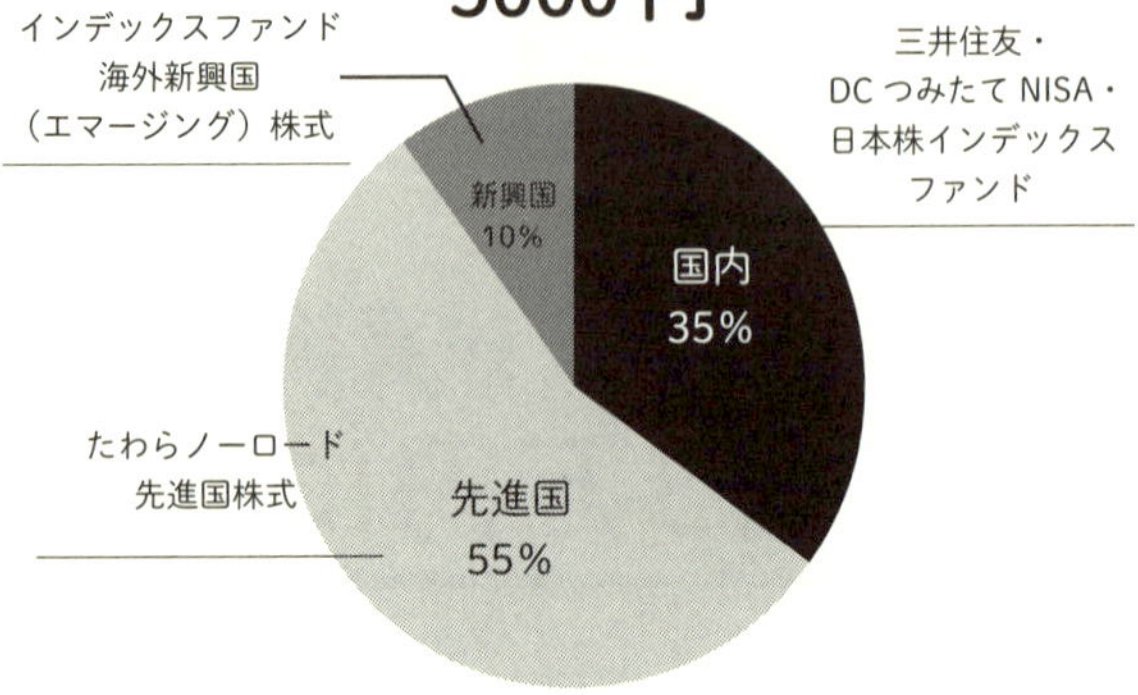

つみたてNISA

全世界型

楽天・全世界株式
インデックス・ファンド

1万3000円

＋

インデックスファンドの組み合わせ

5000円

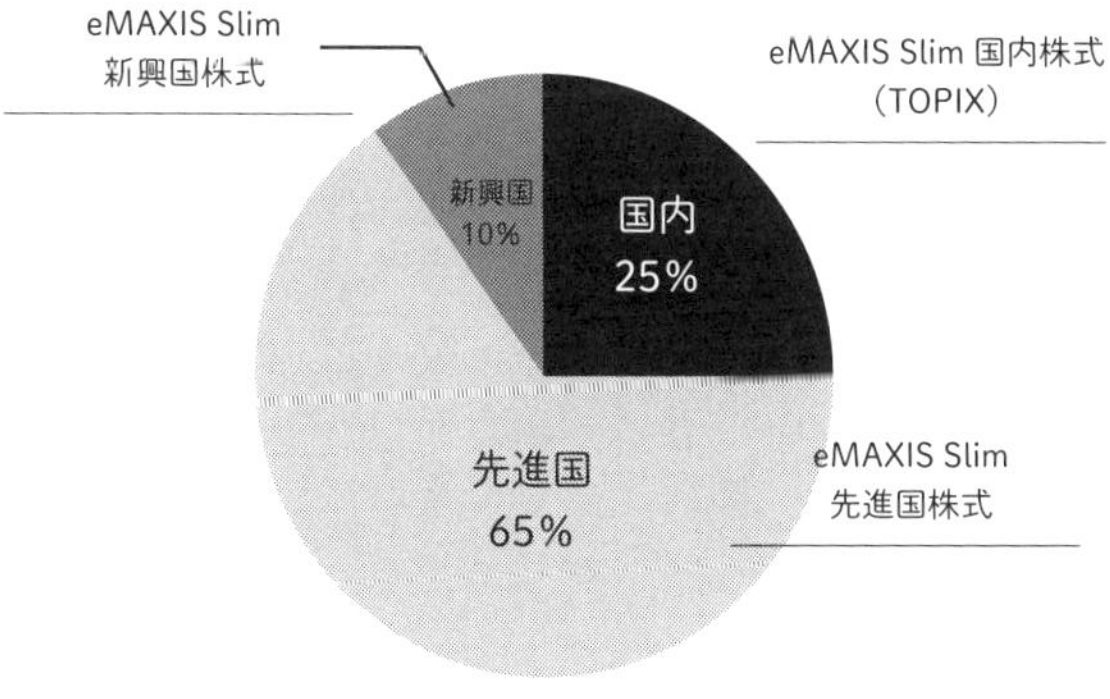

株式インデックス・ファンドを、iDeCoとつみたてNISAの両方で購入することにしました。

債券への投資は、もう少し後になってからでよいと判断したからです。

そして、「リスクをとって大きな利益を求めるより、安定を目指したい」という考えに沿って、iDeCoについては、国内株式の割合を35％と多めにしました。

さらに、運用期間が20年近くあるため、今後の経済成長の可能性を視野に入れ、値動きが不安定な新興国もお試し程度に10％入れました。

ちなみに私は、新興国は人口増に伴い、将来的に経済が発展していくのではないかと考えています。

しかし、短期的に見ると、大きなリターンが得られる可能性がある分、不安定要素もある新興国の株式インデックスファンドの組み入れ割合は、全体の30％以内におさえた方がよいと考えています。

Aさんの購入リスト

【iDeCo】

●全世界型

「楽天・全世界株式インデックス・ファンド」

●インデックスファンドの組み合わせ

国内株式「三井住友・DCつみたてNISA・日本株インデックスファンド」

先進国株式「たわらノーロード先進国株式」

新興国株式「インデックスファンド海外新興国（エマージング）株式」

【つみたてNISA】

●全世界型

「楽天・全世界株式インデックス・ファンド」

●インデックスファンドの組み合わせ

国内株式「eMAXIS Slim 国内株式（TOPIX）」

先進国株式「eMAXIS Slim 先進国株式」

新興国株式「eMAXIS Slim 新興国株式」

一方、つみたてＮＩＳＡについては、仮に同時期に売却することがあったとしても、同じ結果にならないよう、ｉＤｅＣｏとはすべての投資先の配分を変え、より長く運用できるつみたてＮＩＳＡで、より高い利回りが見込めるよう、外国株式の比率を増やしました。

なお、今後**お子さまの教育費**が増えていくため、いざというときに売却も可能なつみたてＮＩＳＡの比重を大きくしていく予定です。

また、Ａさんの場合は、現時点では、全世界型インデックスファンドの割合を多くしていますが、つみたてＮＩＳＡでの購入分を途中で売却する可能性が高い場合は、小回りがきくよう、「インデックスファンドの組み合わせ」の割合を多くした方がいいかもしれません。

事例2 Bさんの場合

【Bさんについて】

●家族構成……………Bさん（56歳、会社員）、妻（50歳、主婦）、長男（17歳）、次男（14歳）
●手取り月収…………35万円
●貯蓄額………………800万円（初回相談時）
●月々の黒字（貯金・投資可能額）…1万円
●リスク許容度………中
●利用している証券会社………楽天証券
●投資の目的…………老後資金をつくりたい

一年前に初めてお会いしたとき、Bさんは55歳でした。

定年退職が間近に迫り、夫婦の老後資金をどう増やしていけばよいか、相談にいらっしゃったのです。

その時点で、Ｂさんたちの貯金額は８００万円と、月収の７・５か月分（２６０万円）をはるかに超えていました。

差額５４０万円のうち、２００万円は長男の大学の入学金などのために残しておきたいとのことだったので、家計を管理してできた月々の黒字1万円に加え、貯金３４０万円を少しずつ投資にまわすことになりました。

Ｂさんが60歳になるまで5年しかありませんでしたが、**できるだけ節税したい**とのことだったため、ｉＤｅＣｏを優先的に利用し、つみたてＮＩＳＡも併用。

一緒に投資を始めた奥様については、途中での売却などがｉＤｅＣｏよりも簡単にでき、比較的自由度の高いつみたてＮＩＳＡのみの利用としました。

Bさんはまず、iDeCoで月々5000円ずつ、楽天・全世界株式インデックス・ファンドを購入。

投資に慣れてきたため、3か月後にはiDeCoへの投資額を、月々の掛金の上限である2万3000円に増額し、それとは別に、つみたてNISA口座で1万円ずつの積立購入を始め、インデックスファンドの組み合わせ購入もスタートしました。

「貯金に余裕があるので、多少リスクをとっても多くの利益を得たい」との考えに沿って、Bさんは、最初から債券は含めず、iDeCo、つみたてNISAともに、**株式のインデックスファンドのみ**で構成。

ただ、iDeCoについては、運用期間が短いため、運用ができるだけ安定的になるよう、国内株式の割合を40%と多めにし、全世界型を半数以上組み込みました。

また、運用期間が短いこと、節税が主な目的であることから、不安定要素がある新興国株式のインデックスファンドは入れませんでした。

ちなみに、ｉＤｅＣｏの運用期間が10年以下しかない場合や、節税目的で、あまり利益を見込まない場合は、新興国株式の割合を減らす、なくす、あるいは債券型の投資信託や、元本確保型の商品を組み入れるなど、より安定性を重視した方がよいでしょう。

つみたてＮＩＳＡについては、20年間の運用期間があることから、Ｂさんはその間の新興国の経済成長を見込み、**新興国株式を15％**組み入れました。

一方、奥様には「債券を組み込んでリスクを分散させたい」というお考えがあり、まずはつみたてＮＩＳＡで月々３０００円ずつ、バランス型ファンド「ｅＭＡＸＩＳ　Ｓｌｉｍバランス（8資産均等型）」の積立購入を開始。

しかし、奥様も、投資の面白さがわかるにつれて投資額を増やし、現在ではつみたてＮＩＳＡの一年あたりの非課税枠40万円分を無駄なく使うべく、月々３万３３００円ずつ、バランス型、全世界型、日本株式／先進国株式／新興国株式のインデックスファンドを積立購入されています。

なお、将来現金が必要となり、Bさんと同時期に売却することがあったとしても、運用状況が同じ結果にならないよう、**奥様はあえてBさんとは商品や配分を変え、**信託報酬が同じ、もしくはその次に安い商品を選ばれました。

Bさんには「今のうちに積立投信に慣れ、いずれ、退職金も資産運用に向けたい」とのご希望があり、将来的には、ETFのスポット購入なども考えているそうです。

Bさん・Bさんの奥様 3000円投資生活
スタート時

奥様

選んだもの
=
つみたてNISA

投資総額 月3000円

バランス型

eMAXIS
Slim バランス
(8資産均等型)

3000円

Bさん

選んだもの
=
iDeCo

投資総額 月5000円

全世界型

楽天・全世界株式
インデックス・ファンド

5000円

そして…

投資に慣れた今では
投資総額
月6万6300円に!

↓　Bさん現在　↓

投資総額 月3万3000円	内訳	iDeCo　　　：2万3000円 つみたてNISA：1万円

iDeCo

全世界型

楽天・全世界株式
インデックス・ファンド

1万3000円

＋

インデックスファンドの組み合わせ

1万円

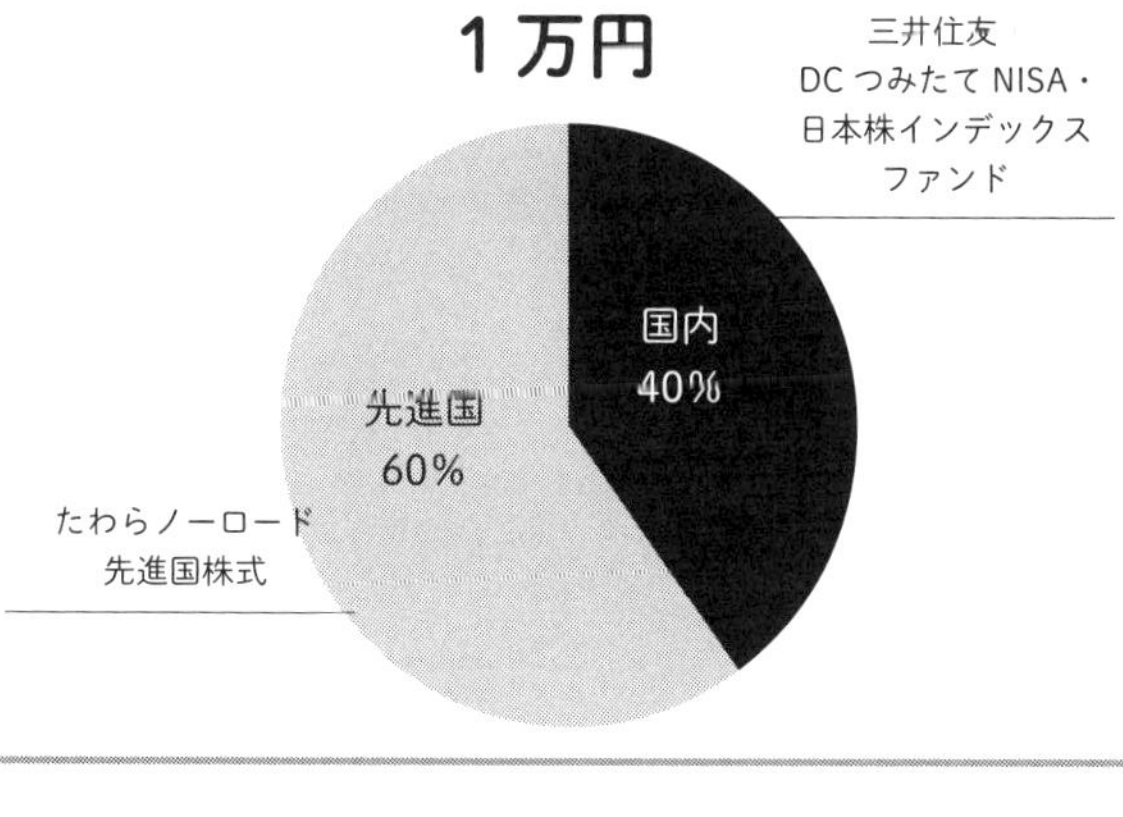

つみたてNISA

全世界型

楽天・全世界株式
インデックス・ファンド

5000円

＋

インデックスファンドの組み合わせ

5000 円

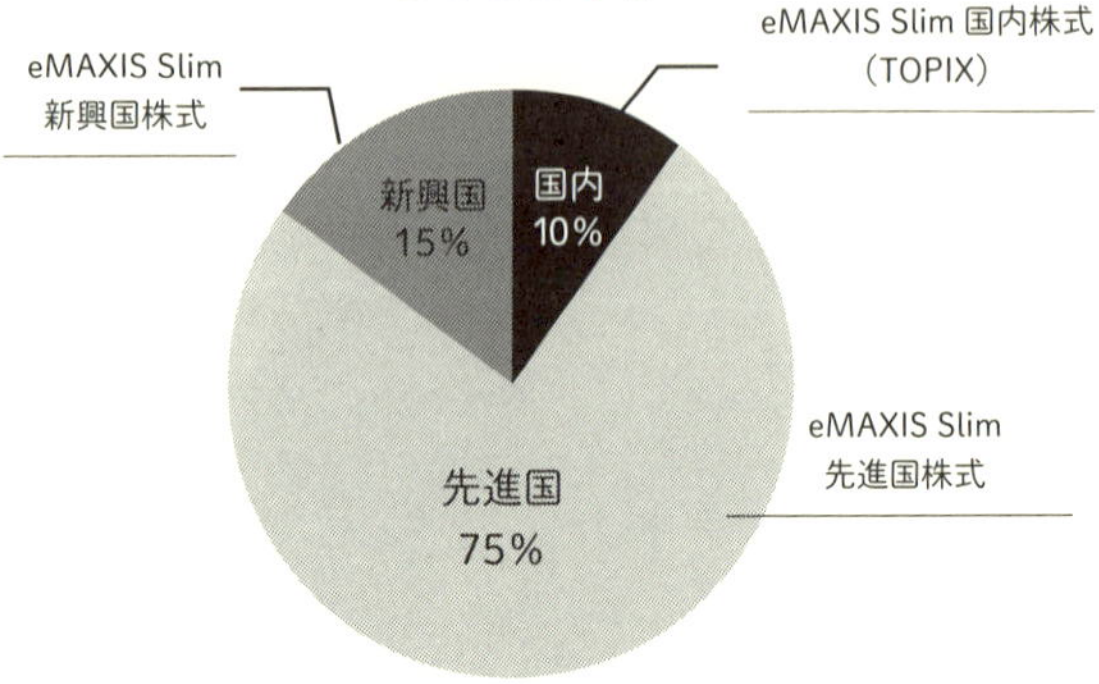

↓ Bさん奥様 現在 ↓

投資総額 月3万3300円

つみたてNISA

バランス型＋全世界型

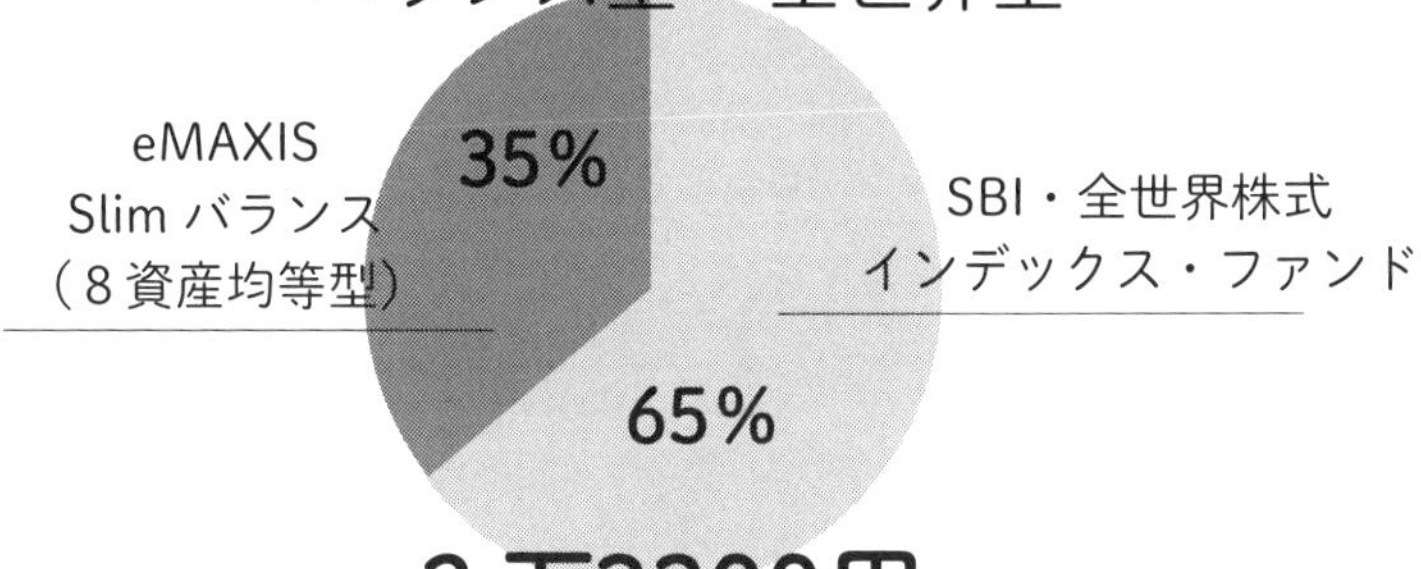

2万3300円

＋

インデックスファンドの組み合わせ

1万円

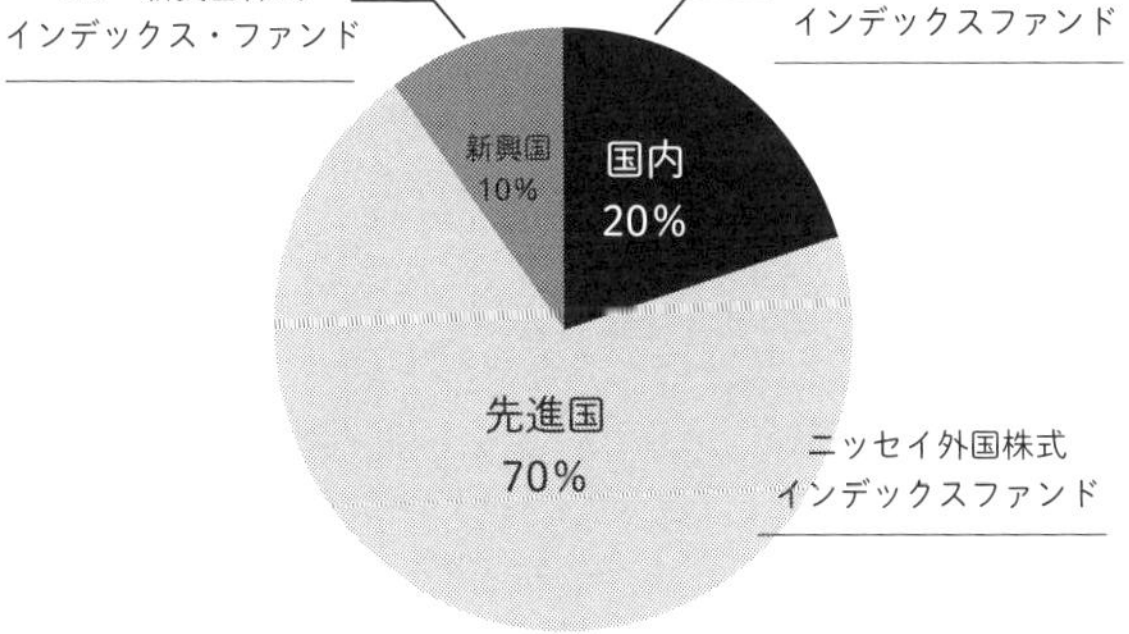

Bさん夫婦の購入リスト

【iDeCo】

●全世界型

Bさん：「楽天・全世界株式インデックス・ファンド」

●インデックスファンドの組み合わせ

Bさん：国内株式「三井住友・DCつみたてNISA・日本株インデックスファンド」

Bさん：先進国株式「たわらノーロード先進国株式」

【つみたてNISA】

●全世界型

Bさん：「楽天・全世界株式インデックス・ファンド」

奥様　：「SBI・全世界株式インデックス・ファンド」

●バランス型

奥様　：「eMAXIS Slim バランス（8資産均等型）」

●インデックスファンドの組み合わせ

Bさん：国内株式「eMAXIS Slim 国内株式（TOPIX）」

奥様　：国内株式「ニッセイ TOPIX インデックスファンド」

Bさん：先進国株式「eMAXIS Slim 先進国株式」

奥様　：先進国株式「ニッセイ外国株式インデックスファンド」

Bさん：新興国株式「eMAXIS Slim 新興国株式」

奥様　：新興国株式「SBI・新興国株式インデックス・ファンド」

事例3　Cさんの場合

【Cさんについて】

- 家族構成 ……………… Cさん（31歳、会社員）
- 手取り月収 …………… 20万円
- 貯蓄額 ………………… 150万円（初回相談時）
- 月々の黒字（貯金・投資可能額）… 2万3000円
- リスク許容度 ………… 大
- 利用している証券会社 ……… SBI証券
- 投資の目的 …………… 老後資金をつくりたい

1年前に初めてお会いしたとき、Cさんは30歳でした。自分が老後を迎えるころ、年金はもらえないだろうと思ったことから、資産運用に興味を持ったそうです。

ただ、本やネットに「投資はできるだけ早く始めた方がいい」と書かれてはいるものの、どのように始めればいいかわからず、相談にいらっしゃったのです。

その時点で、Cさんの貯金額は、ちょうど月収の7・5か月分（150万円）であり、家計改善の結果、**月々2万3000円の黒字**が出せそうだったため、最終的には、黒字分をすべて投資にまわすことになりました。

Cさんの投資の目的が老後の資金づくりで、60歳になるまで30年近くあることから、つみたてNISAよりも**長く税制優遇を受けられるiDeCo**で資産づくりをスタートしました。

CさんはSBI証券でiDeCo口座を開いたため、楽天全世界株式インデックス・ファンドと同様の商品であるSBI・全世界株式インデックス・ファンドを、iDeCoで月々7000円ずつ購入。

Cさんには、一日も早く投資をスタートしたいという希望があったので、まずは手軽な全世界型の積立購入を始めたわけです。

しかしその後、世界経済の動向や情勢について、自分なりにリサーチするようになり、**「投資先の割合は自分で決めたい」**との思いが強くなったため、投資に慣れてきた3か月後には、iDeCoへの投資額を、月々の掛金の上限である2万3000円に増額し、インデックスの組み合わせ購入もスタートしました。

Cさんのように、投資先のバランスをご自身でカスタマイズしたい方は、全世界型よりも、インデックスファンドの組み合わせの比率を高くすると良いでしょう。

なお、Cさんは、国内よりも海外の経済の伸びに期待し、特にアメリカの経済がこれからも安定的に成長していくであろうと予想して、先進国株式を6割組み入れ、成長は見込めるものの、不安定要素もある新興国株式は2割組み入れました。Cさんはいずれ、つみたてNISAでの資産運用も行いたいと考えているそうです。

Cさん 3000円投資生活
スタート時

▼

選んだもの ＝ iDeCo

投資総額　月7000円

全世界型

SBI・
全世界株式
インデックス・ファンド

7000円

↓

そして…

3カ月後、投資総額
月2万3000円に！

↓ Cさん現在 ↓

投資総額 月2万3000円

iDeCo

全世界型

SBI・全世界株式
インデックス・ファンド

7000円

＋

インデックスファンドの組み合わせ

1万6000円

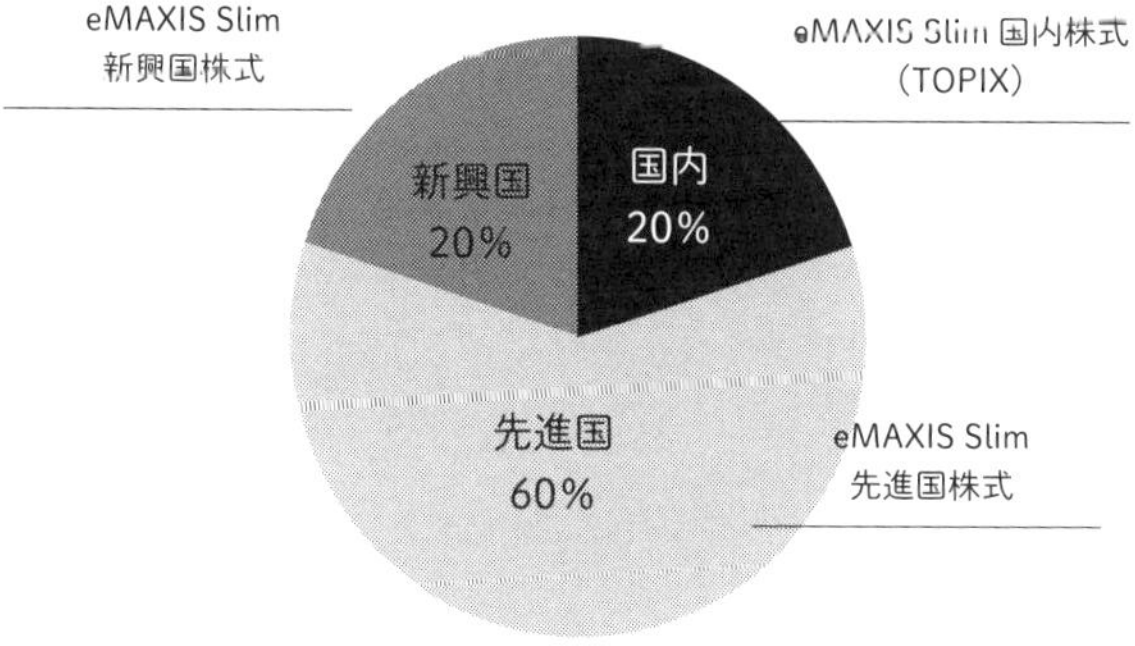

Cさんの購入リスト

【iDeCo】

●全世界型

「SBI・全世界株式インデックス・ファンド」

●インデックスファンドの組み合わせ

国内株式「eMAXIS Slim 国内株式（TOPIX）」

先進国株式「eMAXIS Slim 先進国株式」

新興国株式「eMAXIS Slim 新興国株式」

事例4　Dさんの場合

【Dさんについて】
●家族構成……………………Dさん（66歳、アルバイト）、妻（60歳、主婦）
●手取り月収…………………27万円（年金とアルバイト代）
●貯蓄額………………………1800万円（初回相談時）
●月々の黒字（貯金・投資可能額）…3万円
●リスク許容度………………小
●利用している証券会社……イオン銀行
●投資の目的…………………老後資金を減らさない

Dさんは60代半ば。
長年勤めた職場をすでに定年退職し、現在はアルバイトをしています。

月々の収入は、アルバイト代と夫婦の年金合わせて27万円ですが、貯蓄額（退職金を含む）が１８００万円ありました。

本来なら、月収の7・5か月分（１９５万円）を除いた分は、すべて投資信託の運用にまわしてもよいのですが、「手元にある現金を増やしたい」というよりも「インフレに対応して、**資産価値が目減りしないようにしたい**」というのが、Dさんのご希望でした。

Dさんの場合は、すでに60歳を超えているため、ｉＤｅＣｏは利用できません。しかし、15〜20年の運用を前提にしたいとのことだったため、つみたてＮＩＳＡを利用して、投資信託を運用することに。

また、インターネットが得意でなかったため、店頭で商品購入ができるイオン銀行を利用しました。

最初は、投資に慣れていないこともあり、Dさんは月々3000円ずつ、バランス型ファンドの世界経済インデックスファンドを購入しました。

バランス型ファンドを選択したのは、イオン銀行では全世界型株式インデックスファンドの取扱いがなかったためです。

1年後には、投資に慣れたDさんのご希望により、年間40万円（月々約3万3000円）を投資にまわすことになりました。

その際、やはりバランス型ファンドであるiFree8資産バランスと、国内株式/先進国株式のインデックスファンドを組み合わせて保有することに。

債券が含まれ、全世界への分散投資ができるバランス型ファンドの割合を50%と高めにしたのは、Dさんには、大きなリターンを見込むより、インフレリスクに対応する程度の安定した運用を重視する必要があったためです。

Dさん 3000円投資生活
スタート時

▼

選んだもの = つみたてNISA

投資総額　月3000円

バランス型

世界経済
インデックスファンド

3000円

↓

そして…

1年後、投資総額
月3万3000円に！

↓ Dさん1年後 ↓

投資総額 月3万3000円

世界経済インデックスよりもコストが低い商品に変更

…………… つみたてNISA ……………

バランス型を2本

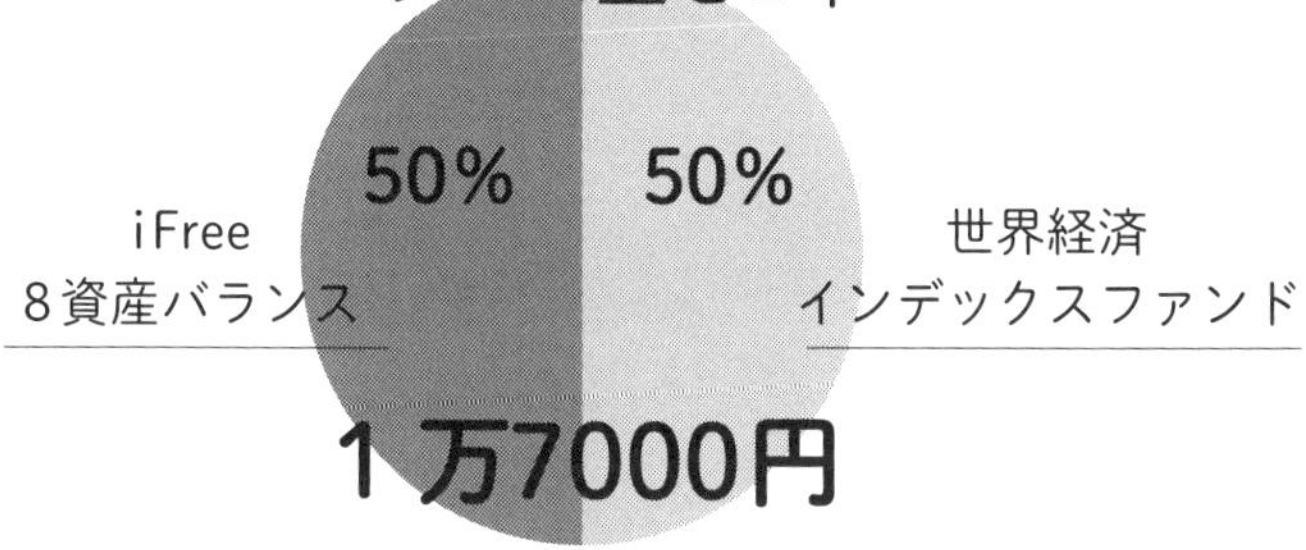

1万7000円

✚

インデックスファンドの組み合わせ

1万6000円

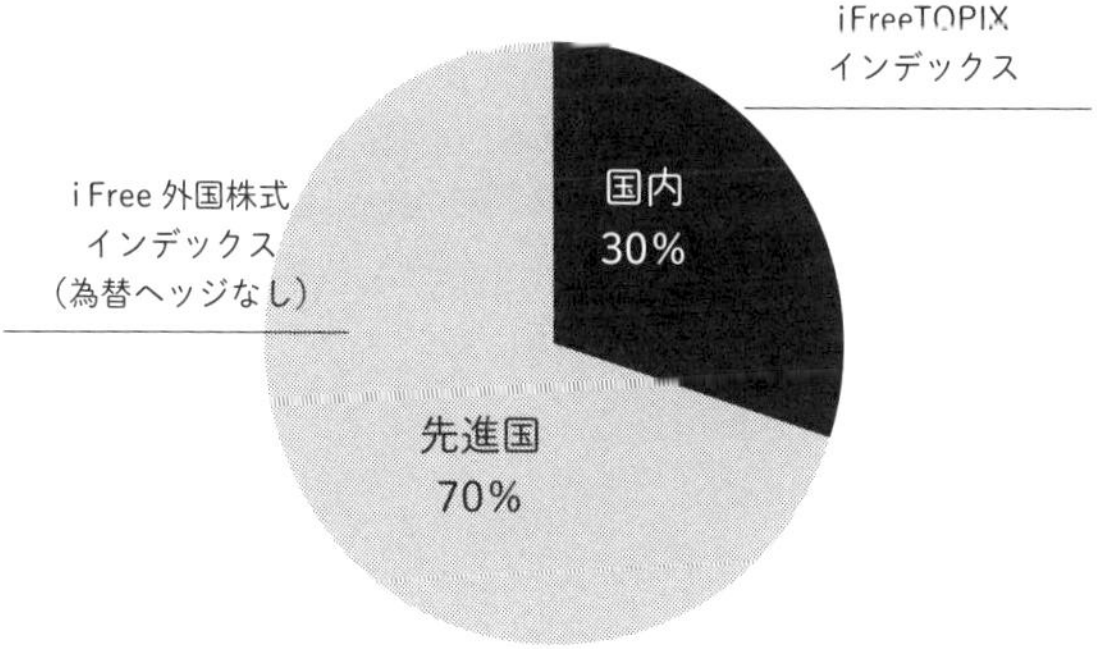

投資を始めるまでは、「資産が目減りするのが怖い」と、お金を使うことに消極的になっていたDさんですが、資産が着実に増えていることから気持ちに余裕が生まれ、近いうちに、奥様と旅行に行くことも考えているそうです。

Dさんの購入リスト

【つみたてNISA】

●バランス型

「iFree 8資産バランス」

「世界経済インデックスファンド」

●インデックスファンドの組み合わせ

国内株式「iFreeTOPIXインデックス」

先進国株式「iFree 外国株式インデックス（為替ヘッジなし）」

POINT

投資は、人の数だけ正解がある。「どのようなバランスで、どのように投資をするか」を、自分自身で考えてみよう。

３０００円投資生活に慣れてきたら、投資額を増やし、リターンを増やそう

これまで、つみたてNISAやiDeCoを利用して、節税しながら賢くおトクに資産をつくる方法をお話ししてきました。

この本では、みなさんに、投資に対する苦手意識やネガティブなイメージから解放され、気軽に投資を始め、投資に慣れ、投資の面白さを知っていただくために、まずは月々3000円（iDeCoの場合は5000円）という無理のない金額で、簡単に分散投資ができる、**全世界型の投資信託**を買っていただくことをおすすめしています。

しかし、一度3000円投資生活を始めると、ほとんどの方の「お金に対する意識」が変わります。

投資を始める前よりも、お金をうまく管理できるようになり、ムダな支出を省き、浮いたお金を投資にまわすようになるのです。

「投資16」の事例でご紹介した4名の方をはじめ、つみたてＮＩＳＡやｉＤｅＣｏで投資を始めた方々は、ご自身の夢や豊かな老後のために、積極的に投資額を増やしていらっしゃいます。

そして、必要なことにはしっかりとお金を使って人生を楽しみつつ、将来手に入るお金も増やしているのです。

ですから、みなさんも、３０００円投資生活をスタートさせ、お金に対する意識が変わり、月収7・5か月分の貯金ができ、投資に回せるお金が増えたら、無理のない範囲で投資額を増やしたり、投資を学び、投資先（投資する商品）を増やしたりしてみてください。

そうした**「ワンランク上の投資」**にチャレンジすることで、みなさんが思い描く「お金の不安のない生活」「楽しく豊かな老後」は、さらに近くなるはずです。

それではここで、「ワンランク上の投資」を行うためのポイントをお伝えしたいと思います。

この項目を最後まで読んだうえで、もう一度「投資16」の実例に目を通していただくと、「自分はどうしたらよいか」が、より具体的にわかるかもしれません。

PART1、PART2では、まずみなさんに、投資に始めていただくこと、月々3000円で楽天・全世界インデックス・ファンドを積立購入していただくことをおすすめしてきました。

楽天・全世界インデックス・ファンドは、これ一つで十分に分散投資ができますし、納得のいくリターンが得られる可能性が高く、失敗する危険性が少ない、非常に優れた商品です。

でも、商品が優れているかどうかとは関係なく、お金の専門家として、長期間、一つの商品だけを保有するというのは、あまりおすすめできません。

「失敗する危険性を低くするため、できるだけ**投資先を分散させる**」というのは、投資の基本ですし、投資を学び、優れた商品を、より自分らしく、バランスよく組み合わせ、保有することで、より大きなリターンも見込めるからです。

3000円投資生活で、まずは全世界型の投資信託を一つだけ買うことをおすすめしているのは、あくまでも、簡単に投資を始め、投資に慣れていただくためであり、その段階をクリアしたみなさんには、ぜひ、ほかの投資信託にも目を向けていただきたいと思います。

ただ、世の中にはおびただしい数の投資信託があります。

おそらく「ほかの投資信託といっても、何を選べばいいのかまったくわからない」と思われる方も少なくないでしょう。

そこで、私が**自信を持っておすすめできる商品**を、いくつかご紹介します。

これらのうちどの商品を、どのようなバランスで購入するかは、「投資16」の事例などを参考にしながら、考えてみてください。

さて、投資信託には大きく分けて、「インデックスファンド」と「アクティブファンド」の2種類があることは、「投資5」でお伝えしましたが、そのうち私が強くおすすめしたいのは、やはりインデックスファンドです。

インデックスファンドの価額の変動は緩やかで、市場の成長の余地や可能性がある限り、株式ですから、基本的には上がっていきますし、信託報酬も安く、失敗する危険性がきわめて低いです。

一口に「インデックスファンド」といっても、その中にはやはり、おびただしい数の商品がありますが、私は、特に15〜20年の長期の運用を考えているのであれば、基本的には、

●国内株式のインデックスファンド

●先進国株式のインデックスファンド
●新興国株式のインデックスファンド

を、それぞれ1～2本ずつ組み合わせて保有すればよいと思っています。

ちなみに、債券のインデックスファンドが含まれていないのは、「投資4」でもお伝えしたように、税制優遇のある口座では、より多くの利益が見込めるように投資先を決めた方がよいと思うからです。

国内株式のインデックスファンドというのは、言うまでもなく、**日本の株式のみを集めたインデックスファンド**であり、東証一部上場された2100社強のすべての企業の株式が入っている、TOPIXとの連動を目指したもの、日本の代表的な上場株式を集め、日経平均株価との連動を目指したものなどがあります。

今後、日本の生産年齢人口が減っていくことを考えると、日本経済が急激に上昇する可能性は、高くはないと思われます。

したがって、国内株式の株価の上昇は見込めないと思われるため、より高いリターンを求める場合は、比率はあまり大きくしなくてもよいかもしれません。


次に先進国株式のインデックスファンドですが、これはアメリカ、イギリス、フランス、カナダ、ドイツなど、主要な先進国の企業の株式を集めたものです。

日本の株式を含むものと含まないものがあり、日本を含むものは、FTSEラッセル社が算出しているFTSEディベロップド・オールキャップ・インデックス、日本を含まないものは、MSCI（モルガンスタンレー・キャピタル・インターナショナル）社が提供するMSCI World Index（MSCI先進国株指数。日本を含めた、23か国の先進国の企業を対象としている指標）から日本を除いた、MSCI－KOKUSAIインデックスという指数への連動を目指す商品があります。

「国内株式のインデックスファンドを持っており、日本の株式はそれ以上いらない」という人は、ＭＳＣＩ－ＫＯＫＵＳＡＩインデックスに連動している商品を選ぶとよいかもしれません。

なお、２０１９年9月時点では、先進国株式のインデックスファンドにおいて、**米国の株式の比重が非常に高く**、商品（指標）にもよりますが、６～７割を占めています。

投資信託の中には、米国株式のみを集めたインデックスファンドもあり、ここ数年、米国の好景気を背景に、かなりリターンが大きくなっているようです。

今、より大きなリターンを狙いたいのであれば、先進国株式のインデックスファンドとは別に、米国株式のインデックスファンドを買うという選択肢もありますが、一つの国の株式の保有割合が高くなると、その国の経済状態の影響を受けやすくなり、リスクも高まりますから、慎重に考える必要があります。

最後に、新興国株式のインデックスファンドですが、これは中国、韓国、台湾、インド、ブラジル等の企業の株式を集めたものであり、MSCIエマージングマーケットインデックスやFTSEエマージングインデックスといった指数への連動を目指している商品が多いようです。

新興国株式のインデックスファンドは、今後成長するであろう国の企業の集まりなので、値動きが激しく、**大きなリターン**が得られる可能性がある分、**リスクも大きい**ため、私は多くても30％以内におさえた方がよいと考えています。

運用期間が15～20年と長い場合は、リスクをおさえることもできますが、運用期間が短い場合や、リターンの大きさよりも安定した運用を目指す場合は、新興国株式については、保有割合を0～10％程度にしておいた方がいいでしょう。

POINT

次ページの表（特に重要な投資信託をまとめたもの）を参考に、投資先を考えてみよう。

●全世界型株式インデックスファンド

まず最初に購入していただきたい投資信託で、日本を含む先進国株式、新興国株式など、世界中の代表的な企業の株式を集めたもの。

	楽天証券		SBI 証券	
	つみたてNISA	iDeCo	つみたてNISA	iDeCo
楽天・全世界株式インデックス・ファンド	○	○	○	×
SBI・全世界株式インデックス・ファンド	○	×	○	○

●バランス型ファンド

国内、先進国、新興国の株式、債券、REIT（不動産投資信託）等を集めた投資信託。これも初心者向けではあるが、手数料はやや高め。

	楽天証券		SBI 証券	
	つみたてNISA	iDeCo	つみたてNISA	iDeCo
世界経済インデックスファンド	○	×	○	×
eMAXIS Slim バランス（8 資産均等型）	○	×	○	○

●国内株式インデックスファンド

日本の株式を集めたインデックスファンド。現時点では、今後の大きな成長は見込めないが、安定性は比較的高い。

	楽天証券		SBI 証券	
	つみたてNISA	iDeCo	つみたてNISA	iDeCo
ニッセイ TOPIX インデックスファンド	○	×	○	×
三井住友・DC つみたて NISA・日本株インデックスファンド	○	○	○	×
たわらノーロード日経 225	○	○	○	×
eMAXIS Slim 国内株式（TOPIX）	○	×	○	○

●先進国株式インデックスファンド

アメリカ、イギリスなど、先進国の株式を集めたインデックスファンド。これまでの実績などを考えると、中心となりえる。

	楽天証券		SBI 証券	
	つみたてNISA	iDeCo	つみたてNISA	iDeCo
ニッセイ外国株式インデックスファンド	○	×	○	○
たわらノーロード先進国株式	○	○	○	×
eMAXIS Slim 先進国株式インデックス	○	×	○	○

●新興国株式インデックスファンド

中国やインドなど、新興国の株式を集めたインデックスファンド。将来的な成長は見込めるが、不安定要素もあり、ハイリスク・ハイリターンになりがち。

	楽天証券		SBI 証券	
	つみたてNISA	iDeCo	つみたてNISA	iDeCo
インデックスファンド海外新興国（エマージング）株式	×（NISAのみ）	○	×	×
SBI・新興国株式インデックス・ファンド	○	×	○	×
eMAXIS Slim 新興国株式インデックス	○	×	○	○

※ SBI 証券の iDeCo はセレクトプランで買付可能な商品。

DELUXE

PART

4

楽しみながら3000円投資生活を続けていくための5つの鉄則

「月収7・5か月分の貯金」をつくりながら、投資をスタートさせる

これまで、３０００円投資生活の始め方や、楽天・全世界株式インデックス・ファンドという商品についてお話ししてきましたが、ＰＡＲＴ４では、３０００円投資生活をみなさんに楽しく続けていただくうえで重要な、いくつかのルールを確認しておこうと思います。

私はいつも、新たに投資を始める方に**「貯金が月収の7・5か月分あるかどうか」**を確認しています。

本来は、「投資19」でお話しするように、収入を１００としたとき、貯金がそのうち15％、金融商品や自分への投資が10％となるのが理想ですが、「月収7・5か月分の貯金」という基準をクリアしていない方は、まず「月々３０００円」という無理のない金額での投資を続けながら、貯金をしてみてください。

貯金というのは、「目の前のピンチを切り抜けるためのお金」です。

そして「7・5か月分」の内訳は、「使うための貯金＝月収１・５か月分」と「おろさない貯金＝月収6か月分」です。

「使うための貯金」というのは、生活費が足りなくなったときや、ちょっとした予定外の出費などに対応できるようにするためのお金であり、「おろさない貯金」というのは、病気やケガ、突然の退職などにより、万が一収入が途絶えても、当面生活できるようにするための**「生活防衛《ぼうえい》資金」**です。

いざというときに動かせる、まとまったお金があるかどうかで、人生は大きく変わります。

先に書いたようなピンチにも対応できますし、災害が起きたときなどにも、半年分の貯金があれば、ある程度余裕を持って過ごすことができるからです。

また、十分な貯金があれば、投資にも腰を据えて取り組むことができます。

投資は基本的に、時間を味方につけ、長い時間をかけて資産を増やすことが成功のポイントとなります。

「お金が必要になったから」と、せっかく買い増した金融商品を、評価が低いときに手放してしまうようなことがあってはいけません。

ですから、「現在、貯金がほとんどない」という方は、「投資19」「投資20」を参考に、月々３０００円ずつの投資を続けながら家計の管理をし、お金を貯め、月収７・５か月分の貯金ができたら、投資の額を引き上げることを考えるようにしてください。

POINT

３０００円投資生活を成功させるためにも、投資を続けながら、月収１・５か月分の「使うための貯金」と月収６か月分の「おろさない貯金」を用意しよう。

お金をしっかり管理し、強い家計をつくる

もしかしたら、みなさんの中には「現在、貯金がほとんどない」「生活にあまり余裕がなく、月々３０００円ずつ投資をしながら、それとは別に貯金をする自信がない」という方もいらっしゃるかもしれません。

そこで、「投資19」「投資20」では、私が考えるお金の管理の仕方や、楽しくラクに支出を減らす方法などをお伝えしたいと思います。

人には、それぞれに合った「お金ステージ」があります。

お金ステージとは、

●第１ステージ：お金を管理する。
●第２ステージ：お金を学ぶ。
●第３ステージ：お金を活かす。

というものです。

第1ステージは、家計簿を使ってお金の流れを把握する、ムダな支出をおさえる、少しずつ貯金を始めるなど、実生活に関わるお金をマネジメントしていく段階。

第2ステージは、お金を今後どう活用するか基本的な知識を学ぶ段階で、投資を実践するのは第3ステージです。

3000円投資生活を成功させるためにも、こうした段階をきちんとこなすことが大事です。

特に第1ステージをおろそかにしていては、決してうまくいきません。

お金をきちんと管理し、ムダな支出をおさえ、強い家計をつくることができて初めて、無理なく貯金と投資を行うことができるからです。

「強い家計のつくり方」については、拙著『**年収200万円からの貯金生活宣言**』（ディスカヴァー刊）などに詳しく記してありますので、ここではポイントだけお話ししましょう。

私はこれまで数多くの家計を見てきましたが、その中でわかったのは「当たり前のことを当たり前にすれば、お金は増えていく」ということです。

収入があまり多くなくても、資産をしっかりつくっている人は、間違いなく、**「月々の収入の中に、支出を収めることができる人」**です。

みなさん、収入の範囲内で暮らし、その差額をコツコツ貯めているのです。

だからといって、ただ何に対しても出し惜しみをすればいいというわけではありません。

私はいつも、相談に来られたみなさんに、支出を、

●**消費（消）**：生活に必要なものに使うお金。生産性は、さほど伴わない。食費、住居費、水道光熱費、教育費、被服費、交通費など。

●**浪費（浪）**：生活に必要がなく、無意味で生産性のないものに使うお金。嗜好《しこう》品、程度を超えた買い物やギャンブル、固定化された高い金利など。
●**投資（投）**：生活に不可欠ではないものの、将来の自分にとって有効な、生産性の高いものに使うお金。

に分け、お金を使うたびに「その支出が、３つのうちどれにあたるのか」を考えていただいたり、家計簿に記録し「見える化」していただいたりしています。

そのうえで、収入を１００とした場合、**消費を70％、浪費を5％、投資を25％**の枠内に収めていただき、投資については、さらに

●貯金：15％
●お金への投資や自分への投資：10％

に分けてもらっています。

「自分への投資」というのは、今後の自分にプラスになる本を読むとか、資格を取得するとか、将来役に立ちそうな知識や経験を手に入れるためにお金を使うことです。


もちろん、同じ項目でも、「消・浪・投」の区分けが変わることはあります。

たとえば携帯電話代は、生活や仕事に使っているうちは「消費」ですが、娯楽のための動画サイト閲覧などによりパケット代がかさめば「浪費」になります。

料理ができないときの外食は「消費」、贅沢《ぜいたく》すぎる外食は「浪費」になることもありますが、久しぶりに家族全員がそろった家族団らんの外食は、多少豪華でも「投資」になるでしょう。


このように、「何に使ったか」をきちんと把握することで、お金に対する意識は少しずつ変わっていきます。

消・浪・投を「見える化」する

▼

～	10/4（金）	10/5（土）	10/6（日）	1週間合計
	ランチ　864	パン屋　372	電車賃　280	消費　18595円
	スーパー　1854	歯医者　2375	英会話　2105	浪費　2156円
	タクシー代　730	本　702	ホットドッグ　756	投資　5437円
		参考書　1404	ジュース　156	
			くつ下3P　1080	
	計3448円	計4853円	計4377円	

――――（消費）
- - - - -（浪費）
～～～～（投資）
蛍光マーカーペンなどで色分けすると見やすい！

消・浪・投の理想的なバランス

▼

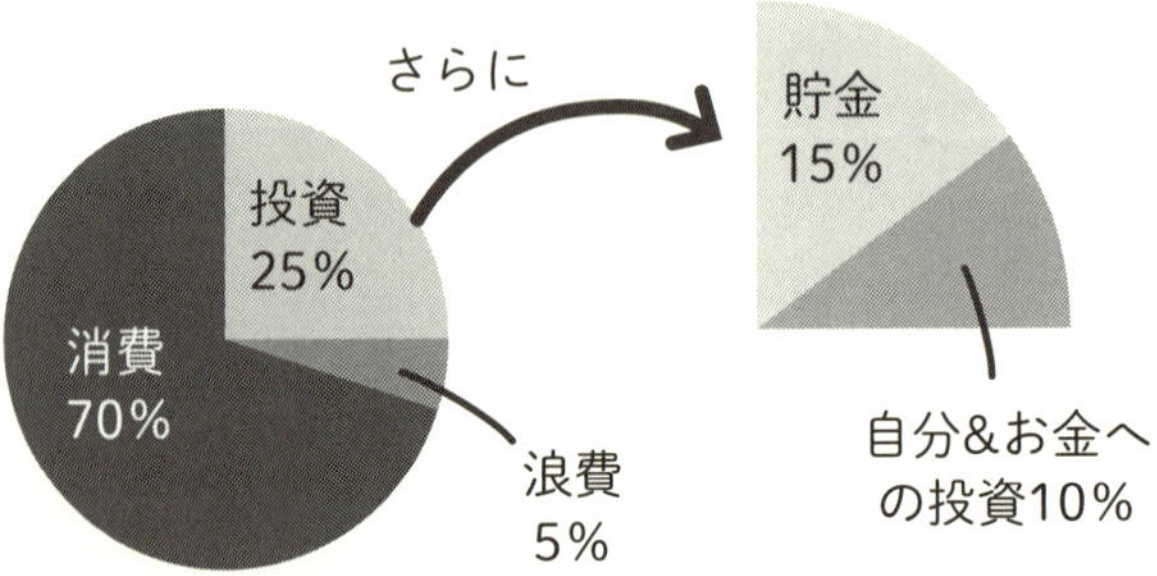

そして、強い家計をつくるため、最も減らしていただきたいのは、浪費の部分。
次に、必要以上に偏った、消費の一部です。

お金をきちんと貯められる人は、自分の軸（価値観）がしっかりあって、消費、浪費、投資の区別がはっきりしている傾向があります。

しかも浪費をできる限りおさえ、消費を見直してムダを削り、投資にはきちんとお金を使っています。

締《し》めるべきところは締めつつも、使うべきところには使うことで、その人の生活には変化が生まれ、人生は豊かになっていきます。

逆に、あまり成果が出ないのは、**投資の基準が甘い人**。美容院代や飲み代など、本来なら消費や浪費にあたるものを、「美しくなるための投資」「人脈をつくるための投資」と考えてしまうのです。

投資に該当するのは、あくまでも「必ずしも今必要ではないが、あとで役に立つもの」だけです。

そのあたりを冷静に判断しつつ、支出を管理することで、家計は強くなります。

たとえば、以前、家計相談に来られた43歳の専業主婦・**E子さんは、「お金の管理ができず、お金を貯められない」**と悩んでいました。

1歳年上の会社員の夫は、E子さんがしっかり貯金をしているものと思い込んでいましたが、実際は貯蓄額は220万円ほど。

しかも夫は突然、「両親の金婚式に150万円プレゼントしたい」と言い出し、貯蓄額は100万円を切ってしまいました。

危機感を覚えたE子さんは、「4年後に控えた自分の両親の金婚式と、6年後の自分たちの銀婚式を見据えて、しっかりお金を貯めたい」と決意。

時間をかけて「消・浪・投」の意味を理解し、家計管理を習慣づけていきました。

さらに、最初は「投資など、自分にはできない」と思っていたE子さんでしたが、家計に余裕が生まれるとともに関心を持つようになり、貯金と並行して、少額での積立投資をスタート。

やがて、月に10万円ずつ貯金できるようになり、投資にも慣れ、**自分たちの銀婚式までに、なんと800万円**ものお金を貯めました。

支出の意味をきちんと考えるようになると、使うときと使わないときのメリハリがつき、お金の管理に自信が持て、貯金も投資もうまくできるようになります。

こうした「強い家計のつくり方」、ぜひみなさんも参考にしてみてください。

POINT

家計の管理は、３０００円投資生活の基本中の基本。「消・浪・投」に基づいて、お金の使い方を自分でしっかり把握・管理し、強い家計をつくろう。

楽しく、ラクに、生活のムダを省く

みなさんがもし、「投資を始めてみたいけれど、毎月家計がギリギリで、貯金のほかに月々３０００円のお金をつくるのが難しい」、あるいは「もう少し投資額を増やしたいけれど、これ以上家計で削れるものがない」と思っているなら、ぜひ見直してほしいものがあります。

それは**「生命保険」「通信費」「光熱費」**です。

これらを見直し、不要なものをカットするだけで、簡単かつ効果的に支出を減らすことができるのです。

まず生命保険ですが、**「保険貧乏」**に陥《おちい》ってしまっていて、「保険料を払っているせいで、貯金ができない」という方は少なくありません。

日本人の生命保険への加入率の高さは、世界でもトップクラスです。

生命保険文化センターが2018年12月に発表した「生命保険に関する全国実態調査」によると、生命保険に加入している世帯は88・7％、**一世帯あたりの年間の払込保険料の平均は38万2000円（月額3万円強）**に及びます。

ところが、生命保険の必要性は人によって異なります。

「生命保険は不動産の次に高い買い物だ」とよくいわれますが、実は、そこまでの額を払う必要のない人も多いのです。

生命保険には、「死亡時に備える」「医療費にあてる」「貯金代わりにする（貯蓄）」という3つの役割があります。

そのうち貯金については、今は、うまみがある貯蓄商品はないので、わざわざ生命保険を使う必要はありません。

貯蓄と保障は切り離して、自分自身でコツコツとお金を貯めていけば十分です。

死亡時の備えについては、幼い子どもを残して親が亡くなったときなどは、生命保険が役に立つかもしれません。

貯金だけではなかなか、子どもが独り立ちするまでの費用をまかなうことができないからです。

しかし、**子どもがすでに独立しているなら、基本的に必要はない**といえます。

お葬式代についても、生命保険に加入せずとも、ある程度の貯金があればまかなえるはずです。

また、住宅ローンを組んでマイホームを買うと、たいていは**団体信用生命保険**（団信）に加入することになります。

本人が死亡したときや高度障害になったときは、団信でローンが相殺されます。

そのため、生命保険の遺族への保障額は、団信の保障内容を考慮して検討する必要があるでしょう（がんや三大疾病など、所定の疾病と診断されたときに、住宅ローンが相殺される団体信用保険もあります）。

医療費についても、

- 貯金が不十分なとき。
- 自営業で、働かないと収入がゼロになってしまう方が、病気やケガをしたとき。
- 健康保険が適用されない、自由診療による治療を受けたとき。
- 入院が長期化したとき。

などは生命保険が役に立ちますが、医療費としてのある程度の貯金があれば、病気やケガをしても治療費はまかなえますし、**高額療養費制度**《りょうよう》を利用すれば、高額な医療費の自己負担額の一部を払い戻してもらうことができます。

このように、保険というのは、あくまでも「公的な社会保障や貯金でまかなえない部分をカバーするもの」ととらえ、必要最低限にとどめておきましょう。

そもそも生命保険は、基本的には「万が一」のときがなければ、給付金・保険金は支払われないので、支払い損になる可能性が高いものだと思います。

ただ、「万が一」のときに有用ですから、貯蓄で備えられないものをまかなうために本当に必要な保障が何なのかをよく考え、生命保険を賢く使ってください。

本当にその保障が必要なのか、ムダな特約をつけていないかなどを見直して**保険をスリム化するだけで、月々数千円から数万円の支出がカット**できる可能性があります。

その分を貯金や投資にまわした方が、**効率よく資産を形成**できるのではないかと、私は思います。

次に通信費ですが、近年、スマートフォンを格安スマートフォン（格安スマホ）に替える人が増えつつあります。

無料通話サービスが少ないため、不安だとおっしゃる方もいますが、無料通話アプリなどを利用したり、最近ではさまざまな通話オプションを付帯したりすることで、通話料をおさえることができるため、あまり問題にはならないでしょう。

電話番号はそのまま使えるし、問題なく通信できるけれど、**利用料金は大手キャリアのスマートフォンの半分以下**。

支出をおさえるうえで、格安スマホを使わない手はありません。

インターネットに関しても、プロバイダを替えたり、スマホや電気・ガスとのセット割を利用したりすることで、**月々数千円分の支出を減らせる**かもしれません。

最後に光熱費ですが、2016年4月から電力の小売りが全面自由化され、2017年4月からは都市ガスの自由化も始まりました。

これにより、電気・ガスともに、さまざまな事業者が参入し、私たちは地域の電力会社やガス会社以外からも買うことができるようになりました。

実際に利用できるのは、地域でサービスを展開している事業者中心になりますが、ライフスタイルや価値観などに合わせて電力会社を選べるため、メリットは大きいといえます。

事業者によっては、ポイント付与や電気、ガス、インターネット、ガソリン、電話などの料金とのセット割があり、**四人家族の家庭**で、電気代やガス代などを含めた年間の**固定費が1万円以上も安くなる**（見込み）ケースもあるようです。

どの事業者を選べば一番おトクか、シミュレーションサイトなどを利用するなど総合的に判断し、家計の改善に役立てましょう。

POINT

生命保険料を払いすぎている人はかなり多いので、その保険が本当に必要かどうか、一度見直そう。

通信費や光熱費の見直しも、ラクに支出をおさえるうえで効果的。

一度3000円投資生活を始めたら、できるだけ手間をかけない

「投資18」～「投資20」では、３０００円投資生活を無理なく続けていただくための家計の管理方法についてお話ししましたが、「投資21」「投資22」では、３０００円投資生活を成功させ、みなさんの資産を確実に増やしていくために、ぜひ守っていただきたいことをお伝えしたいと思います。

私は今まで、２万３０００人を超える方から家計に関するお話を伺い、相談を受けてきました。

その中には、３０００円投資生活を始められた方もたくさんいらっしゃいますが、着実に資産を増やしている方もいれば、残念ながら途中で挫折してしまった方もいます。

その分岐点は、いったいどこにあるのでしょうか？

それぞれの投資の仕方を見てわかったのは、**「価格の上がり下がりに一喜一憂してはいけない」**ということです。

自分が持っている投資信託や株式の価値が上がると、すぐに売ってしまったり、ちょっと価値が下がると、慌《あわ》てて損切りしたり、別の銘柄の株を買い足したりする人は少なくありません。

しかし、値上がりした株を急いで売って、一時的に利益を得たものの、あるいは損切りしてはみたものの、あとで「あのとき売らなければよかった」と後悔することも多いのです。

特に積立投資信託は、「投資7」（92ページ）でお伝えしたように、最初の数年間で得られる利益はとても小さいものです。

長期で利益をコツコツと増やす方法であることを忘れないでください。

「一時的な価格の変動に振り回されない」というのが、投資を成功させるポイントの一つだと、私は思います。

3000円投資生活の場合は、楽天・全世界株式インデックス・ファンドを選び、積立の設定をしたら、あとは基本的に、ほったらかし。

投資信託は、プロのファンドマネジャーが経済状況や社会の動きを見て運用してくれていますから、あとは気が向いたときだけ、証券会社から定期的に送られてくる取引報告書に目を通せばＯＫです。


実は私も、過去に、いろいろと苦い経験をしています。


かつて、日本の個別株に投資したときのことです。

株価は刻々と変わります。

私は、自分が買った株の値動きが気になって仕方がなく、株式市場が開いている昼間に、仕事の合間を見てチェックするようになりました。

それはどんどんエスカレートし、ついには株価チェックの合間に仕事をするような状態に。

まさに本末転倒です。当然、仕事は手につきません。

ところが、それだけ熱心に取り組んでいたにもかかわらず、あるとき、私が選んだ銘柄が、市場全体の下落に引きずられ、一気に値下がりしてしまいました。「あんなに時間と労力を割《さ》いたのに……」「一生懸命分析し、市場がどうなろうとダメージを受けないよう、手を打っていたつもりなのに……」と、私は大きなショックを受けました。

投資は、手間をかけたからといって、100%うまくいくとは限りませんし、頻《ひん》繁《ぱん》に売買を繰り返せば、その分手数料もかかります。

また、一時的な値上がりや値下がりに一喜一憂するのは、時間とエネルギーのムダでもあります。

投資は本来、長期的な視野に立ち、**「お金に勝手に増えてもらう」**くらいの気持ちで取り組むべきものだと、私は思います。

「20年間は続ける」「50万円になるまでは続ける」など、具体的な目標を立てたら、あとはほったらかしにしましょう。

POINT

価格の上がり下がりに一喜一憂するのは、時間とエネルギーのムダ。投資には手間をかけすぎず、腰を据えてじっくり取り組むこと。

「損をする可能性の高い投資」には手を出さない

３０００円投資生活を始めたら、「損をする可能性が高い投資」、いわゆる「ハイリスク商品」には絶対に手を出さない。

それも、資産を守るうえで非常に大事なことです。

せっかく家計を見直し、管理し、支出をおさえ、３０００円投資生活で資産を増やすことができても、ほかの投資に手を出して損をしてしまっては、まったく意味がありません。

今まで投資をしたことがない人が、一度投資の面白さを知ると、たいていほかの投資方法にも興味を抱くようになります。

それはとても良いことですが、中には、より大きな利益を求めて、ハイリスク・ハイリターンな投資方法や金融商品に手を出してしまう人もいます。

ぶれないようにし、まずは基本のパターンをしっかりつくってください。

ここでは「絶対に手を出してはいけない投資」の代表的なものをいくつか、お伝えしたいと思います。

金融機関がすすめる投資信託

「投資を始めよう」と思い立ち、証券会社や銀行から投資に関する資料を取り寄せたり、証券口座を開いたりすると、必ず「おすすめ商品」を紹介されます。

ネット証券会社がサイトのトップページなどで大きく宣伝している商品も、ほとんどはその会社の「おすすめ」であるといえるでしょう。

おすすめ商品は、たいてい高利回りをうたっており、みなさんの中には「そちらの方がよいのではないか」と思ってしまう人もいるかもしれません。

しかし、金融機関がすすめる商品は、お客さんが儲かる商品ではなく、自分たちが儲かる商品、つまり手数料が高い商品である可能性が大きいといえます。

手数料はすべて、金融機関の利益となります。

「手数料の低い商品と高い商品があれば、**手数料の高い商品を売りたい**」というのが、**彼らの本音**でしょう。

ですから、たとえハイリスク・ハイリターンで、必ずしもお客さんにとって良いとはいえない商品でも、手数料が高ければ、おすすめ商品として紹介されることが多いのです。

おすすめ商品を売るための、パンフレット製作費や人件費などのコストを回収するためにも、彼らは必死に、それらを販売しようとします。

なお、おすすめ商品の中には「毎月、分配がある」という売り文句をつけて販売されるものもありますが、そこには裏があります。

投資信託を買うと、運用収益の中から、買った口数に応じて分配金が出ます。普通は年に一度分配されるのですが、中には月ごとに分配されるものもあります。

毎月お金が入ってくると、運用がうまくいっているような気がしますし、年金生活のシニア世代にとっては「収入が途切れない」という安心感があります。

そのため根強い人気があるのですが、毎月分配型の投資信託には、実はデメリットもたくさんあるのです。

まず、分配金を毎月受け取ってしまうと、それを再投資に自動的にはまわせなくなります。

「投資7」でお話ししたように、分配金は本当は再投資した方が、複利効果で資産が増えるのです。

また、運用が思うようにいかなくなると、投資会社側が、収益からではなく、元本を削って分配金を捻出《ねんしゅつ》することもありますし、何とかして分配金を出そうと、リスクの高い運用に走ることもあります。

本来、ファンドの目的は収益を上げることにあり、分配金はそれに付随《ふずい》するおまけのようなものなのですが、毎月の分配金を出すために元本割れを起こしたり、危険な運用を行ったりするようでは本末転倒です。

一見どれほど「おトク」に見えても、**金融機関のおすすめ商品には「手数料が高い」「リスクが大きい」といった問題が隠れている**可能性があります。

特に、初めて投資をする方は、「おすすめ」「ランキング」という言葉や、目立つ広告に惑わされないようにしましょう。

株式（個別株）

投資に慣れてくると、「別の金融商品も試してみたい」と思う人もいるかもしれません。

そんなときに、つい手を出したくなるのが個別株。

ですが、初心者にはあまりおすすめできません。

個別株で勝ち続けるのは容易ではないからです。

中にはビギナーズラックで、たまたま最初に優良株を買い、一時的に利益を得る人もいますが、たいていは気が大きくなってほかの銘柄に手を出し、結局は利益を上回る損を出してしまいます。

仕事柄、私はこれまで、プロのファンドマネジャーや、億単位の利益を得ている個人投資家の方などとお話ししたことがありますが、みなさん、とにかくよく勉強をされており、知識量も経験も並大抵ではありません。

こうした投資家たちと争い、利益を上げるのは、よほど勉強と経験を重ねなければ難しいでしょう。

また、雑誌やインターネットなどで「この株は買いだ」と紹介されている銘柄を買う人もいますが、広く出回っている時点で、その情報は古いと考えましょう。

こうした株は、記事が出る前から多くの人に注目されており、すでに十分に値が上がっています。

そして、高値で買った人は、たいてい「少しでも利益を出そう」と頑張りすぎてしまい、売りどきを見失って、損をしがちなのです。

個別株を買うのであれば、「資産のコア（中心）部分に据えるのではなく、サテライト的に、資産全体の１割程度までの範囲内にとどめること」「ある程度勉強したうえで、好きな会社や応援したい会社の株式を買い、長く保有すること」をおすすめします。

ＦＸ（外国為替証拠金取引）

個別株と並んでよく失敗談を耳にするのが、ＦＸです。

ＦＸは、米ドルやユーロなど、外国の通貨の動きを予想して売買し、為替差益を得るというものです。

最近では、仮想通貨のＦＸなども行われています。

私は、**ＦＸは、投資というより、完全にギャンブルだと思っている**のですが、ＦＸのギャンブル性をさらに高めているのが、レバレッジです。

レバレッジとは、もともとは「てこ」を意味します。

てこを利用すれば小さい力で重いものを動かせるように、業者に「証拠金」を担保として預け、その数倍の額のお金を借りて取引をすることを、投資の世界では「レバレッジを効かせる」といいます。

現在、ＦＸにおけるレバレッジは、最大で25倍。つまり、１万円の資金で25万円分、10万円の資金で、なんと２５０万円分の取引を行うことができます。

会社によって異なるのですが、ＦＸには、基本的には損失が発生し証拠金がある程度まで減ると強制決済が行われる仕組みがあり、預けた証拠金以上の負債を負うことはありません。

しかし、「少ない資金で大きな取引ができる」ことに魅力を感じ、一獲千金を狙って、借金をしてまでFXに大金をつぎ込む人もいます。

でも、ギャンブルの多くがそうであるように、**FXで勝てる人は、ほんの一握り**であり、「9割が負けて1割が勝つ」ともいわれています。

たとえ勝っても、それは誰かの負けを受け取っているだけ。

生産性のない世界なのです。

特に初心者は、途中まではどんなに順調に利益を得ていても、一度の失敗ですべてを失ってしまいがちです。

生半可《なまはんか》な知識しか持たずに大金を投じるのは、絶対に避けるべきです。

不動産投資

さまざまな投資の中でも、会社を定年退職し、多額の退職金を手にした人が特に心を惹《ひ》かれがちなのが、不動産投資です。

最近では、将来の年金額に不安を持ち、不動産投資に魅力を感じる20〜40代の人も増えているようです。

この場合の不動産投資とは、ＲＥＩＴ（不動産投資信託。投資家から集めたお金で、ファンドがマンションや商業施設などを購入し、そこから得た賃貸収入や売買益などを投資家に分配する）のことではありません。賃貸物件を建てたり購入したりして、大家（オーナー）になるというものです。

退職金を元手に賃貸アパートのオーナーになれば、仕事もできるし月々の家賃収入も入ってはきますが、不動産投資で成功するのは、それほど簡単ではありません。

実際、ある不動産投資セミナーの担当者に、**不動産投資の成功率**をこっそり尋ねたところ、「まあ、**100人に1人です**」という答えが返ってきました。

不動産投資にも、もちろん大小さまざまなリスクがあります。

一室空室ができれば、ひと月数万円の収入減となりますし、建物が古くなるにつれて、資産価値が減り、家賃収入も少なくなります。

物件の価値を維持するためには、こまめなメンテナンスが欠かせませんし、家賃を払わない入居者がいれば、請求もしなければなりません。

なお、最近、さまざまな建築ハウスメーカーが「完全家賃保証」を売りに、賃貸用物件を販売しています。

こうした物件はたいてい、ハウスメーカーや系列の会社が一括して借り上げ、管理・運営を請け負います。

手間がかからないうえ、空室が出ても家賃が保証されますが、ハウスメーカーなどに貸す場合、**家賃は通常の85〜90%**になります。

じかに入居者に貸す場合と比べて、10～15％の収入源となるわけです。

しかも、新築時の家賃は高いのですが、その後、入居者が入れ替わるたびにどんどん下がっていきます。

家賃を決めるのは管理・運営をしているハウスメーカーであり、オーナーは口を出すことができません。

空室分の家賃は保証されますが、**家賃の額自体が保証されるわけではない**のです。

不動産投資は、多額の費用を必要とするわりに、利回りが低く、実質はほんの2～3％での不安定な運用となっているケースが少なくありません。

この利回りだと、少しでも空室が続いたり、物件で何らかの事故やトラブルが発生したりすれば、すぐに利益が出なくなってしまいます。

不動産投資で成功しているのは、資金に相当余裕のある人だけだと私は思います。

退職金を全部つぎ込んだり、ローンを組んだりしてまで不動産投資をやるのは、おすすめできませんし、老後のための大事なお金ですることではありません。

ところで最近、「銀行から『融資《ゆうし》をするから、不動産を買わないか』と持ちかけられた」といった話を、よく耳にするようになりました。

こうした話を聞く機会が増えたのは、2016年1月、日本銀行（日銀）と銀行の間で、日本初の**「マイナス金利」**が導入されてからです。

今まで銀行は、預金者から集めたお金を日銀に預け、金利を得ていました。

しかしマイナス金利政策が講じられたことにより、日銀へお金を預けると、逆に金利を取られることになってしまいました。

だからといって、ただ持っていただけでは、お金は増えません。

そこで銀行は、金利を下げ、個人や法人などへの貸し出しを強化します。

しかも万が一のときのことを考えると、貸出先が、担保《たんぽ》となる不動産を持っていた方が安心です。

融資や不動産投資を持ちかけられる人が増えたのは、そうした理由からです。

ここ数年、アベノミクスや東京オリンピック開催決定に後押しされ、特に首都圏を中心に不動産価格は上昇し続けてきましたが、2019年10月に消費税が10%に引き上げられ、2020年にはオリンピック、パラリンピックも終わります。

これらが引き金となって不動産価格が下落し、多くの人が破たんの憂《う》き目に遭う可能性は十分にあると、私は思っています。


不動産は、ただでさえ取得や売却のタイミングが難しい商品です。

資産価値が下がらない、もしくは上がっていく物件を割安な価格で手に入れ、それをベターなタイミングで売却しなければ、利益は得られません。

賃貸不動産経営同様、不動産の売買で儲けることができるのは、不動産に精通している人か、たまたま運が良かった一握りの人だけなのです。


マイナス金利政策はもうしばらく続きますから、新たな貸出先を開拓するべく、銀行がさらに対象を広げる可能性は十分にあります。

特に、資産形成に関心があり、不動産投資セミナーに通っている方や、貯蓄はなくとも安定した収入がある方などは、要注意です。

銀行員は良くも悪くも、お金のプロです。

彼らが本気になったら、かなり手強《てごわ》く、そう簡単には引き下がってくれません。

私は今まで、コツコツと貯金をしてきたにもかかわらず、利益が上がるはずもない投資にそれらをつぎ込み、すべてを失くしてしまった人をたくさん見てきました。

みなさんの大切なお金を守るためには、正しい知識と、状況に流されない判断力が必要なのです。

POINT

金融機関がすすめる投資信託、個別株、FX、不動産投資など、損をする可能性の高い投資には絶対に手を出してはいけない。大切なお金を守るため、正しい知識と判断力を。

DELUXE

PART

5

これが横山流
ハイブリッド型
3000円投資生活！

横山光昭が買っている投資信託を大公開！

この本では、今まで、

●証券口座を開く。
●月々３０００円ずつの積立で、つみたてＮＩＳＡやｉＤｅＣｏなどを利用し、全世界型のインデックスファンド「楽天・全世界株式インデックス・ファンド」を買う。
●投資に慣れてきたら、「増額する」「自分でさまざまなインデックスファンドを組み合わせてみる」といった、ワンランク上の投資にチャレンジする。

といった、**３０００円投資生活の基本から応用**までをお伝えしてきました。

まずは、簡単・安全・確実な方法で投資を始めていただき、投資の面白さがわかったら、投資の目的や性格、年齢、家族構成などに基づいて、ご自身に最もぴったりな商品やバランスを選び、投資を楽しみながら資産を増やしていただきたい。

それが私の願いです。

そしてPART5では、今、私が、どのような投資信託をどのようなバランスで買い、運用しているかを、みなさんにお話ししたいと思います。


投資は、人の数だけ正解がありますし、年齢や家族構成が似ている人や投資に慣れている人、投資で成功している人と同じ方法で投資をしたからといって、うまくいくとは限りません。

しかし、私がどのような考えのもとで投資方法を選択しているかをお伝えすることが、みなさんに**「自分なりの投資のやり方」**を見つけていただくうえで、多少なりともお役に立つのではないかと思います。


ではさっそく、2019年8月時点の、**私のポートフォリオ（金融商品の組み合わせ）**を公開しましょう。

ただし、ここで紹介するのは、楽天証券のつみたてNISAとiDeCoの口座で積立購入している投資信託のみであり、私が通常の口座（課税口座）で積立購入もしくはスポット（一括）購入しているETFについては除外しています。

次ページの図をご覧ください。
まず私は、全世界型のインデックスファンドを3、国内株式／米国株式／先進国株式／新興国株式のインデックスファンドの組み合わせを7の割合で持っています。

そのうち、全世界型のインデックスファンドは、

●つみたてNISAの口座で、楽天・全世界株式インデックス・ファンドおよびSBI・全世界株式インデックス・ファンド
●iDeCoの口座で、楽天・全世界株式インデックス・ファンド

を、それぞれ積立で購入しています。

横山光昭のポートフォリオ（つみたてNISA+iDeCo、2019年8月現在）

①はつみたて NISA で、②は iDeCo で、それぞれ購入している商品です。

全世界型インデックスファンド　3

①楽天・全世界株式インデックス・ファンド

SBI・全世界株式インデックス・ファンド

②楽天・全世界株式インデックス・ファンド

＋

インデックスファンドの組み合わせ　7

①eMAXIS Slim 新興国株式インデックス

②インデックスファンド海外新興国（エマージング）株式

①eMAXIS Slim 国内株式（TOPIX）

②三井住友・DC つみたて NISA・日本株インデックス

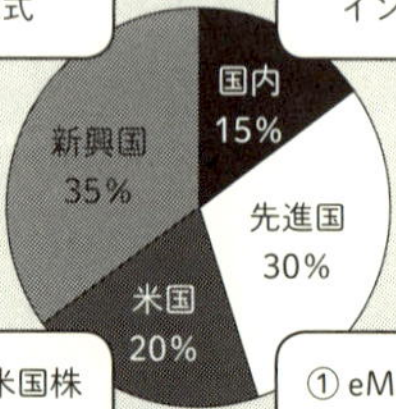

①eMAXIS Slim 米国株式（S&P500）

②楽天・全米株式インデックス・ファンド

①eMAXIS Slim 先進国株式インデックス

②たわらノーロード先進国株式

また、国内株式／先進国株式／米国株式／新興国株式のインデックスファンドについては、つみたてNISA、iDeCoともに、

国内：先進国：米国：新興国＝15%：30%：20%：35%

程度の割合で保有しています（具体的な商品名は、図に記した通りです）。

なぜこれらの商品をこうしたバランスで保有しているのか、その理由については、「投資24」以降で詳しくお話ししたいと思います。

POINT

全世界型のインデックスファンドと、国内株式／米国株式／先進国株式／新興国株式のインデックスファンドの組み合わせを併せ持つのが、現在の横山流の投資方法。

全世界型インデックスファンドと並行して、さまざまなインデックスファンドを自分なりに組み合わせて運用する

それでは最初に、私が、全世界型のインデックスファンドと、国内株式／米国株式／先進国株式／新興国株式のインデックスファンドの組み合わせを３：７の割合にしている理由をお話ししましょう。

私は、さまざまな試行錯誤を繰り返した末、18年ほど前から、インデックスファンドを組み合わせた投資を行っています。

そして10年ほど前、ちょうどリーマン・ショックの直後くらいに、「何かいい商品はないか」と探していたときにVTを知り、買い始めました。

以後、VT（もしくは楽天・全世界株式インデックス・ファンド）を中心に、ほかのインデックスファンドを組み合わせていますが、すでに、18年前以降に投資した金額の倍ほどのリターンを得ており、現時点のトータルリターンは７％程度です。

楽天・全世界株式インデックス・ファンドのような全世界型のインデックス・ファンドは、さまざまな国や地域に分散投資し、「簡単・安全・確実に投資をしたい」という方にはおすすめの商品ですので、この商品だけでも十分なのですが、「日本企業が不調でアメリカの企業が好調だから、日本の株式を減らし、アメリカの株式を増やしたい」「新興国に期待して、新興国の株式を増やしたい」と思っても、配分を勝手に変えることはできません。

また、「売却したい」と思ったタイミングで、たとえば新興国の赤字分が先進国の黒字分を上回り、全体として利益が少なくなったり、赤字になったりしていても、「利益が出ている新興国の分だけを売却する」ということができません。

つまり、出口戦略がやや立てづらいのです。

その点、国内株式／米国株式／先進国株式／新興国株式のインデックスファンドを組み合わせて持っていれば、たとえば日本の株価が一時的に暴落し、安くなったときに、**国内株式のインデックスファンドだけをスポットで買い増したり**、日本の**株価が急激に上がったときに売却したり**、といった小回りがきくようになります。

長期保有し、複利効果で資産を増やすというのも投資の面白さですが、大きな利益が出ているときに部分的に売却し、そのお金で人生を楽しむというのも、投資の醍醐味《だいごみ》です。

全世界型に比べて、商品を選んだり配分を考えたりといった手間がかかりますが、得られるメリットも大きいといえるでしょう。

私の場合、全世界型で広く世界中に投資しつつ、そのときどきの経済情勢を鑑《かんが》みて、自分でインデックスファンドの組み合わせを考え、バランスを調整し、より大きな利益を得たいという思いがありました。そのため、全世界型よりも、インデックスファンドの組み合わせの割合を大きくしているわけです。

逆に、**リターンよりも安定を目指したい**という方は、全世界型とインデックスファンドの組み合わせの割合を、7：3や6：4にする（全世界型の割合を大きくする）とよいでしょう。

なお、SBI・全世界株式インデックス・ファンドは、SBIアセットマネジメントが運用している全世界型のインデックスファンドで、「**雪だるま**（全世界株式）」という愛称で呼ばれています。

VTと同様、世界49か国、約8000の株式銘柄で構成される「FTSEグローバル・オールキャップ・インデックス」を指標としているため、基本的にはVTや楽天・全世界株式インデックス・ファンドと似たような値動きをします。

ただ、VTに投資することで「FTSEグローバル・オールキャップ・インデックス」に連動させている楽天・全世界株式インデックス・ファンドと異なり、SBI・全世界株式インデックス・ファンドは、3本のETFに投資しています。

SBI・全世界株式インデックス・ファンドのメリットは、**なんといっても信託報酬の安さ**です。楽天・全世界株式インデックス・ファンドの信託報酬は約0・22％と、すでに十分に安いのですが、SBI・全世界株式インデックス・ファンドは、さらにそれを下回る0・15％なのです。

しかし、それぞれの純資産額を比べると、楽天・全世界株式インデックス・ファンドは約240億円、SBI・全世界株式インデックス・ファンドは約31億円であり（2019年8月時点）、信頼性は今のところ、楽天の方が圧倒的に高いといえるでしょう。

今後、楽天・全世界株式インデックス・ファンドがさらに信託報酬を下げる可能性も、SBI・全世界株式インデックス・ファンドが純資産額を伸ばしていく可能性もありますが、現時点では、まず信頼性の高い楽天・全世界株式インデックス・ファンドを買い、余裕があれば、信託報酬の安いSBI・全世界株式インデックス・ファンドも保有するという形がよいのではないかと思います。

POINT

さまざまなインデックスファンドを自分なりに組み合わせ、運用するのは、手間はかかるが、メリットも楽しみも大きい。全世界型と並行して、ぜひチャレンジしてみよう。

インデックスファンドの組み合わせ方は、自分の性格や価値観をもとに決定する

次に、「インデックスファンドの組み合わせ」の部分について、詳しくお話ししましょう。

「どのようなインデックスファンドを組み合わせるか」は、人によって異なります。国内株式／国内債券／外国株式／外国債券のインデックスファンドを組み合わせる人もいれば、私のように、株式のインデックスファンドのみにしぼり、国内株式／先進国株式／米国株式／新興国株式を組み合わせる人もいます。

「今のところ、あまり大きな成長は見込めないため、国内株式は持たない」という人、「先進国の中に米国がかなりの比重で入っているから、米国株式は持たない」「リスクが高いから、新興国株式は持たない」という人もいるでしょう。

ちなみに、私が債券を組み入れていないのは、すでに何度かお伝えしたように、**非課税口座ではあまり債券を入れる意味を感じていない**からです。

『はじめての人のための3000円投資生活』にも書きましたが、本来は株式と債券の両方を持っていた方が、よりリスクを分散させ、安定した長期運用を行うことができます。

株式と債券は、基本的に反対の値動きをするため、一方に損失が出ても、もう一方でカバーしやすいのです。

ただ、つみたてNISAやiDeCoなど、運用収益が非課税になる口座では、変に守りに入るのではなく、より多くの利益を見込めるように投資先を配分することが大事だと私は考えています。

さて、私は国内株式／先進国株式／米国株式／新興国株式のインデックスファンドを、

国内：先進国：米国：新興国＝15％：30％：20％：35％

の割合で保有しています。

新興国が35％と、やや高めになっているのは、つみたてＮＩＳＡやｉＤｅＣｏについては、私が20年前後の長期保有を前提としており、その間の新興国の成長を見込んでいるためです。

また、全世界型の中にも先進国の中にも、米国が最も大きな割合で入っているため、ポートフォリオ全体としては米国株式の比重が高くなりますが、現時点ではやはり米国が強く、今後もしばらく成長が見込めるため、問題はないと考えています。

なお、私がつみたてＮＩＳＡで買っている「楽天・全米株式インデックス・ファンド」は、楽天・全世界株式インデックス・ファンドの「米国株式特化版」のようなもので、やはりバンガード社が販売している「バンガード・トータル・ストック・マーケットETF」（通称「VTI」）という商品を投資対象としたものです。

そしてVTIは、「CRSP USトータル・マーケット・インデックス」という米国株式市場に上場している、約4000銘柄の大、中、小型株式から構成される時価総額加重平均型の株価指数に連動しています。

米国株式に特化している分、状況によってはVTを優に上回るパフォーマンスを見せたりもしていますが、**良くも悪くも米国の経済状態に左右される**ため、米国の経済に陰《かげ》りが見えれば、大きく価格が下がるおそれがあります。

どのようなバランスでインデックスファンドを組み合わせるのが「正しい」かは、その人の世界経済のとらえ方や投資に求めるもの、リスク許容度等によって、まったく異なります。

以下に、「**よりリターンの大きい運用**を目指す場合」と「**より安定した運用**を目指す場合」のインデックスファンドの組み合わせ方について、私なりの指針を記しておきますので、参考になさってみてください。

そして、個々のインデックスファンドを選ぶ際には、もちろん、手数料や信託報酬等ができるだけ安く、かつ純資産額が大きく、信頼性の高いものを選びましょう。

私が購入しているｅＭＡＸＩＳ　Ｓｌｉｍシリーズ、たわらノーロードシリーズ、あるいはｉＦｒｅｅシリーズなどは、いずれもおすすめです。

よりリターンの大きい運用を目指す場合

インデックスファンドの組み合わせの割合を、全世界型よりも大きくする。

たとえば、全世界型：インデックスの組み合わせを３：７もしくは４：６にする。

さらに、インデックスファンドを組み合わせる際、次のような点を考慮する。

・価格が大きく上下するリスクも高いが、特に20年以上の長期にわたる運用を考える場合は、その間に成長する見込みが大きい新興国株式を加える、もしくは割合を増やす。
・今後、日本の生産者人口が減少していくことを考えると、日本の経済が大きく成長する見込みが少ないため、国内株式の割合を減らす。
・先進国株式の一部を、現時点でリターンの大きい米国株式のみの商品にする。

より安定した運用を目指す場合

インデックスファンドの組み合わせの割合を、全世界型よりも大きくする。
たとえば、全世界型：インデックスの組み合わせを7：3もしくは6：4にする。
さらに、インデックスファンドを組み合わせる際、次のような点を考慮する。
・価格が大きく上下するリスクが高い新興国の割合を減らす、もしくはまったく含めない。特に、運用期間があまり長くない場合は、新興国は入れない方が無難。

・数年で極端に成長はしないけれども、極端に落ち込むこともあまり考えられないため、国内株式の割合を増やす。

・良くも悪くも米国の経済状況に左右されるため、米国株式のみの商品は入れない。

・よりリスクを分散させるため、国内と先進国の債券を組み入れる（新興国債券は含めない）。

POINT

インデックスファンドの組み合わせの最適なバランスは、人によって異なる。そのときどきの自分自身の世界経済のとらえ方や投資に求めるもの、リスク許容度等を考慮して決定しよう。

COLUMN

インターネットを利用できない方のための3000円投資生活

これまで、ネット証券を利用した3000円投資生活のやり方や、買うべき商品についてお話ししてきました。

しかし、みなさんの中には、おそらく、あまりインターネットになじみのない方、利用できない方もいらっしゃるでしょう。

ここでは、そうした方にも3000円投資生活を楽しんでいただくための方法をご紹介します。


ネット証券以外で投資信託を購入するためには、銀行や証券会社などの店舗に行き、口座開設の手続きをする必要があります。

野村證券や大和証券など、店舗がある大手の証券会社や銀行はありますが、特に私がみなさんにおすすめしたいのは、イオン銀行とりそな銀行です。

この2社を選んだ理由は、まず少額で始められ、かつ信託報酬が安い商品ラインナップになっていて、長期の資産づくりに適した投資信託が購入できるからです。

ネット証券以外の金融機関（大手を含む）では、つみたてＮＩＳＡやｉＤｅＣｏで購入できる投資信託の本数がきわめて少なく、信託報酬も比較的高めです。

ある大手証券の場合、つみたてＮＩＳＡ対応のインデックスファンドの信託報酬は、低くても約０・４％、バランス型ファンドは約１・５％前後となっていますが、イオン銀行の信託報酬は、商品によってはインデックスファンドで０・１％台のもの、バランスファンドで０・５％代のものもあり、りそな銀行の信託報酬は、インデックスファンド・バランスファンドともに０・２％前後（新興国株式インデックスファンドのみ約０・４％）です。

また、この２行については、ｉＤｅＣｏの運用管理機関手数料（口座保有中、ずっとかかる手数料）が比較的おさえられているというメリットもありますし、イオン銀行の店舗は、イオンの店舗やショッピングモールなどに入っており、買い物のついでにアクセスしやすいという良さもあります。

すでにお伝えしたように、iDeCoでは月々5000円以上1000円単位で積立ができますが、2行とも、下限の5000円からスタートできます。

一方、つみたてNISAの月々の最低投資額は100円ですが、イオン銀行では月々1000円以上から積立ができ、りそな銀行は、店頭での申し込みの場合は、月々1万円からの積立となります。

イオン銀行やりそな銀行で3000円投資生活を始める場合、この2行では楽天・全世界株式インデックス・ファンドなど、全世界型の取扱いがないため、バランス型ファンドを購入するとよいでしょう。

それぞれの銀行で扱っているバランス型ファンドは、以下の通りです。

【イオン銀行】
■つみたてNISA
・世界経済インデックスファンド
■iDeCo
・たわらノーロード　バランス（8資産均等型）

【りそな銀行】
■つみたてNISA
・つみたてバランスファンド
■iDeCo
・Smart-i8資産バランス　安定型

「何から始めたらいいかわからない」という方は、つみたてNISAとiD

ｅＣｏのどちらを利用するか（もしくは両方を利用するか）を決め、店頭で口座開設の手続きと、

●イオン銀行で、つみたてＮＩＳＡで「世界経済インデックスファンド」を買う場合は、月々１０００円以上で

●イオン銀行で、ｉＤｅＣｏで「たわらノーロード　バランス（８資産均等型）」を買う場合は、月々５０００円以上で

●りそな銀行で、つみたてＮＩＳＡで「つみたてバランスファンド」を買う場合は、月々1万円以上で

●りそな銀行で、ｉＤｅＣｏで「Ｓｍａｒｔ－ｉ８資産バランス 安定型」を買う場合は、月々５０００円以上で

それぞれ、積立購入する手続きをしましょう。

もし投資に慣れ、「バランス型ファンドのほかに、自分でインデックスファンドを組み合わせて買いたい」と思った方は、以下の商品を組み合わせて購入するとよいでしょう（それぞれの配分については、「投資16」の事例などを参考に、ご自分でバランスを考えてみてください）。

【イオン銀行】

■つみたてＮＩＳＡ

・国内株式：ｉＦｒｅｅＴＯＰＩＸインデックス
・外国株式：ｉＦｒｅｅ外国株式インデックス（為替ヘッジなし）

■ｉＤｅＣｏ

・国内株式：ＤＩＡＭ　ＤＣ　国内株式インデックスファンド
・先進国株式：たわらノーロード　先進国株式

・新興国株式：DIAM新興国株式インデックスファンド

【りそな銀行】

■つみたてNISA

・国内株式：Smart-i 日経225インデックス
・先進国株式：Smart-i 先進国株式インデックス
・新興国株式：Smart-i 新興国株式インデックス

■iDeCo

・国内株式：Smart-i TOPIX インデックス
・先進国株式：Smart-i 先進国株式インデックス
・新興国株式：Smart-i 新興国株式インデックス

貯金感覚でできる

3000円投資生活デラックス

発行日　2019年 9月26日　第1刷
発行日　2019年10月 4日　第3刷

著者　横山光昭

本書プロジェクトチーム
編集統括　柿内尚文
編集担当　栗田亘
デザイン　鈴木大輔、江﨑輝海（ソウルデザイン）
編集協力　村本篤信
校正　荒井順子
DTP　廣瀬梨江
営業統括　丸山敏生
営業担当　増尾友裕
営業　池田孝一郎、熊切絵理、石井耕平、大原桂子、桐山敦子、綱脇愛、渋谷香、寺内未来子、櫻井恵子、吉村寿美子、矢橋寛子、遠藤真知子、森田真紀、大村かおり、高垣真美、高垣知子、柏原由美、菊山清佳
プロモーション　山田美恵、林屋成一郎

編集　小林英史、舘瑞恵、村上芳子、堀田孝之、大住兼正、菊地貴広、千田真由、生越こずえ、名児耶美咲
講演・マネジメント事業　斎藤和佳、高間裕子、志水公美
メディア開発　池田剛、中山景、中村悟志、長野太介
マネジメント　坂下毅
発行人　高橋克佳

発行所　株式会社アスコム

〒105-0003
東京都港区西新橋2-23-1　3東洋海事ビル
編集部　TEL：03-5425-6627
営業部　TEL：03-5425-6626　FAX：03-5425-6770

印刷・製本　中央精版印刷株式会社

Printed in Japan ISBN 978-4-7762-1060-3